최대 다수의 최대 행복

진짜 보수 이재명

최대 다수의 최대 행복

홍대선 박기태 박형주 윤한근 서상윤 지음

진짜 보수 이재명

메디치

보수는, 이재명

홍대선

보수는 변화를 두려워하지 않는다. 다만 실패를 감당하지 못할 변화를 거부할 뿐이다. 한국의 보수는 원래 그런 존재였다. 물론 한국 보수에는 어두운 그림자가 드리워져 있는 게 사실이다. 보수는 제주 4.3운동, 5.16과 12.12 쿠데타, 박정희와 전두환의 군사 독재, 그리고 광주민주화운동의 핏물에서 자유롭지 못하다. 하지만 그 어둠 속에서도 국가의 미래와 먹거리를 찾아내는 능력과 안목이 있었기에 이 땅에서 보수는 여전히 절반의 지지를 받는다.

보수는 결코 '지키고 유지하는' 집단이 아니었다. 대한민국 산업화의 토대를 세운 이승만 정권의 농지개혁과 경제활동의 토대를 전 세계로 넓힌 노태우 정권의 북방정책은 기존의 질서를 파괴하는 급진적인 도전이었다. 박정희의 대기업 육성 정책과 중화학공업 도전은 말할 것도 없다. 그는 미국이 이끄는 자유세계 블록에 속한 국가의 대통령이면서도 한국의 미래를 위해 미국과 기꺼이 갈등하는 위험을 감수했다. 도전은 언제나 한국 보수의 미덕이었다. 비록 절차적 정당성을 무시한 결과주의라는 비난에서 자유롭지 못했어도, 역사적 평가를 받을 만큼의 결과는 내놓았던 것이다.

대한민국의 지속가능성이 흔들리고 있다. 전쟁과 역병의 소용돌이 속에서 국제정세는 오랫동안 가까스로 억눌러온 본성을 드러내고 있다. 한국인은 경제, 안보 더 나아가 국가정체성이 흔들리는 누란의 위기 아래 '약육강식'이라는 폭력적 질서가 다시금 세상을 휩쓸 위험을 목전에 두고 있다. 이 위기에서 국가를 지켜야 한다.

국가란 무엇인가? 공동체의 실패를 책임지는 이름이다. 원래 보수는 언제나 실패에 민감했다. 진보가 대의와 이상을 부르짖을 때, 보수는 결과를 물었다. "대의와 이상은 좋다. 그런데 지금 당장 사람들은 어떻게 살아야 하느냐"고. 보수의 출발점이 되는 질문이다. 그런 보수는 지금 존재하는가? 존재한다.

이재명은 민주당 출신이지만, 오랫동안 보아온 기존의 민주당 정치인과는 사뭇 다르다. 그는 오랜 진보 정치의 도그마를 이해하지 못한다. 아니, 무시한다. 정의와 투쟁이라는 이름 아래 벌어지는 이념놀이보다, 지금 여기의 고통을 줄이는 일에 더 관심이 있다. 이재명이 오해받는 지점이다. "기본소득? 포퓰리즘이지." "전국민 재난지원금? 나라 곳간을 말아먹겠다는 소리야." 틀렸다. 그는 돈을 나눠주려는 게 아니다. 시스템을 구축하려는 것이다.

우리는 박정희를 독재자로 기억하지만, 사실 그는 시스템 설계자였다. 의료보험, 새마을운동, 국토 종합개발계획—모두가 시스템을 구축하는 일이었다. 국민에게 시혜를 남발하는 포퓰리즘이 아니라, 구조 자체를 바꾸는 기획이었다. 이재명의 기본소득과 같은 맥락이다. 박정희가 농촌 가난에 구조적으로 접근했다면, 이재명은 도시 빈곤에 구조적으로 접근한다.

구조적 접근은 아무나 할 수 없다. 민주당 내에서도, 보수정당에서도, 구조를 체화할 수 있는 사람은 거의 없다. 이재명은 그것을 체화한 정치인이다. 지주의 착취에 허덕이는 가난한 소작농의 아들이었던 박정희와, 고된 노동에 신음하는 소년공이었던 이재명 사이엔 강력한 공통점이 자리한다. 구조의 관찰자이자 파괴자, 기획자라는 점이다.

이재명은 길 위에서 자랐다. 상처를 껴안고 공부했고, 분노하되 그것에 사로잡히지 않으면서 정치를 시작했다. 그렇기에 정치가 정의를 말할 수는 있어도, 정의로 먹고살 수는 없다는 사실을 안다. 가치가 구조를 이기지 못하고, 구호가 시스템을 대체할 수 없다는 걸 안다. 그래서 가치를 다루되, 시스템으로 구현된 결과로 보여주고자 한다. 이재명은 결과주의자다. 보수진영에게는 민주당 소속이라는 이유로 적이었다. 민주당 내에서는 가치중심적이지 않다는 이유로 비주류였다. 바로 이것이 이재명의 쓸모를 증명한다.

이재명은 보수다. 아니, 정확히는 오랫동안 한국 정치가 망각해 온 보수의 본령을 계승한 인물이다. 지금의 '자칭 보수'는 이미 보수가 아니다. 과거 권력의 감성을 흉내 내는 "추억의 정치", "잔상의 정치"일 뿐이다. 반면 이재명은 위험을 감수하고 새로운 구조를 설계하려 한다.

이 땅에 보수는 아직 있다. 보수는, 이재명이다.

차례

흙수저들이 세운
나라

이재명과 박정희의
닮은꼴

chapter
01

누가
대한민국을
재건할 수
있을까

우리는 이미
이재명을
알고 있다:

실용적 결과주의자의
미래 설계

홍대선

포퓰리즘?

흙수저들이 세운 나라

이재명은 1964년 경상북도 안동의 작은 농촌 마을에서 일곱 남매 중 다섯째로 태어났다. 하지만 좀 더 정확하게 이야기하면 농촌이 아니라 산촌이라고 해야 맞다. 산촌은 농업만으로는 먹고 살 수 없는 환경이다. 산에서 힘들게 먹거리와 삶에 필요한 여러 가지를 수확해야 한다. 가난은 가족의 일상이었다. 어린 시절 이재명은 비 오는 날이나 눈 오는 날이나 5킬로미터에 달하는 등교 길을 맨발로 뛰어가야 했다. 돈이 없어 수학여행이나 소풍에 따라가지 못하기도 했다.

가난하고 소외된 유년기를 보낸 사람은 일찍 철이 든다. 이재명은 '왜 우리 가족은 이렇게 살아야 하는가?'라는 질문을 던졌다. 어린 시절 가난을 겪은 것으로 이재명과 견줄 만한 정치인이한 명 있다. 박정희다. 집안이 너무나 빈한해 국민학교를 맨발로다녔다는 노태우도 떠오른다. 노무현, 이명박의 처절한 성장기도딸려 나온다. 꼭 대통령들뿐 아니라 국민 전체로 봐도 대한민국은 흙수저가 일으켜 세운 나라다.

이재명이 초등학교를 졸업한 후, 그의 가족은 더 나은 삶을찾아 경기도 성남으로 이주했다. 이촌향도는 많은 농촌 가정이선택한 길이자 대한민국 산업화의 동력이었다. 이승만 대통령과조봉암 농림부장관이 일시적으로 손을 잡고 단행한 농지개혁은친일 지주들을 몰락시켰다. 지주의 착취에 찌들어있던 소작농이자영농으로 우뚝 섰다. 자영농 세대는 이를 악물고 일해 이제는지주에게 빼앗기지 않아도 되는 잉여생산물로 자식들을 교육시켰다. 이들이 도시로 몰려들어 각 분야의 '산업 전사'가 되었고,한국은 세계 역사상 유례없이 빠른 경제부흥을 이루었다.

많은 산업화 세대에게 그랬듯이 이재명의 가족에게도 도시에서의 삶은 가혹했다. 이재명은 중학교 진학 대신 노동자의 길을 택해야 했다. 이재명은 13세의 나이에 성남 공단의 공장에서일하기 시작했다. 정사원 노동자도 아닌 비공식적인 신분이었다.

일하던 중 프레스 기계에 왼쪽 팔이 끼이는 산업재해를 당해 신체적 장애를 갖게 되었다. 그 와중에 중학교와 고등학교 과정을 검정고시로 대체했다. 그 후 중앙대학교 법학과에 입학하여 사법고시에 합격했다. 성적 자체는 서울대학교에 진학할 수 있는 수준이었지만, 전액 장학금 약속과 월 20만 원 지원에 중앙대를 선택했다.

이재명과 박정희의 닮은꼴

가혹한 노동과 고학을 감수하는 의지는 산업화 세대의 에너지와 정확히 일치한다. 자신이 성공하고, 집안을 돌보고, 나아가 자식들을 번듯하게 키우기 위해 기꺼이 고통을 참아낸 그 에너지가 모여 산업화를 가능케 한 거대한 힘이 되었다. 사법고시 이후 이재명은 육체노동자에서 넥타이를 맨 화이트칼라로 '전환'한다. 육체노동과 사무노동을 모두 경험한 특이한 이력에서 이재명이 얼마나 한국 사회의 다양한 본질을 체화했는지 보여준다.

　　이재명은 판사나 검사가 아닌 변호사의 길을 선택했다. 그는 사회적 약자들의 권익 보호에 힘썼다. 특히 성남 지역에서 무료 법률 상담을 제공하며 시민들과의 접점을 넓혀갔다. 이러한 이력이 그가 사회주의자라거나 좌파라는 증거라고 외치는 사람들을 나는 이해하지 못한다. 이재명은 약자로서 권익을 보호받지 못하며 자라났기에 과거의 자신과 같은 약자들을 지원하는 일에 관심을 가졌다. 이게 어떻게 '빨갱이'라는 증거가 될 수 있나. 오히려 가난한 농군의 자식으로 자라나 문경보통학교 교사 시절 농민의 가난을 없애야 한다는 사명감으로 방학과 휴일 때마다 제자들의 가정을 방문해 농촌 실태조사를 행한 박정희와 닮았다. 농촌지역 가난에 대한 박정희의 문제의식은 이후 새마을운동과 통일미 개량사업이라는 결과로 이어진다.

이재명의 인권변호사와 시민운동가 경력이 날조된 허위라는 반대편의 주장은 도를 넘었다. 평소 나는 박정희를 부정하는 진보진영 사람들에게, 그가 국민을 가난에서 벗어나게 하는 일에 진심이었다는 사실까지 부정하면 안 된다는 이야기를 자주 해왔다. 여러 방송과 저술을 통해 진보진영이 비록 박정희의 방식에 동의할 수는 없어도, 그에게 나름의 애국심이 있었다는 사실마저 외면하면 안 된다는 말도 했다. 그러므로 자신있게 말할 수 있다. 이재명이 아닌 그 누구에게도 저주할지언정 거짓을 덧씌워선 안 된다. 민주화 운동가와 약자를 위한 이재명의 무료 변론은 공문서에 버젓이 기록되어 있다. '성남시민모임' 소속 변호사로 활동한 모습이 공중파 뉴스에 등장한 적도 있다. 반대 진영에서 인생을 송두리째 부정당한다는 점에서도 이재명과 박정희는 닮은꼴이다.

포퓰리즘?

이재명의 정치적 여정은 2006년 성남시장 선거에 출마하면서 본격화되었다. 비록 첫 도전에서는 낙선했지만 2010년 재도전에 성공하며 성남시장에 당선되었다. 시장 재임 기간에 그는 복지 확대와 행정 혁신을 통해 시민들의 삶의 질 향상에 주력했다. 특히 청년 배당, 산후조리비 지원, 무상 교복 등 파격적인 복지 정책을 도입하며 주목을 받았다. 이러한 정책들은 당시 보수 진영으로부터 '포퓰리즘'이라고 규정당했지만, 그는 이를 '시스템 개혁'으로 규정하며 근거 없는 비난에 맞섰다.

2018년에는 경기도지사로 당선되어 더 큰 무대에서 행정 능력을 발휘했다. 도지사를 맡아 일하는 동안 그는 지역화폐 도입, 공공건설 원가 공개, 계곡 불법시설 정비 등 다양한 정책을 통해 변화를 '실험'했다. 그의 모든 도전은 미래를 위한 실험이다. 그 미래란 '지속 가능한 사회' 혹은 '지속 가능한 대한민국'이다. 정말로 실용적인 결과주의자는, 비록 결과주의라는 점에서 비판받아야 할지도 모르지만, 결과에 있어서만큼은 진심이다.

흔히 오해받지만 이재명은 분배주의자가 아니다. 그렇다고 성장주의자도 아니다. 어째서인가? 둘 다이기 때문이다. 실용주의자 이재명으로서 어느 하나만을 취할 수 없기 때문이다. 성장 없는 분배는 불가능하다. 분배를 통한 터 닦기 없이 미래의 성장도 불가능하다. 나는 국민의료보험을 기획한 박정희가 지금과 같은 경제 규모를 가진 국가의 수장이었다면, 이재명의 기본소득과 같은 기조의 정책을 추진했으리라 장담한다.

최근 이재명이 성장주의를 이야기하는 모습은 전혀 이상하지 않다. 친기업적인 행보도 마찬가지다. 지금은 성장이 필요한 때다. 그는 경제 성장이 민생 회복의 조건이라고 강조한다. 이재명은 비록 흙수저 출신이지만, 아니 흙수저 출신으로 자수성가한 사람이기 때문에 성장과 대기업의 중요성을 깊이 이해하고 있다. 대한민국이라는 어린이가 어떻게 자라서 어른이 되었는지 잘 아는 것이다.

누가 대한민국을 재건할 수 있을까

이재명은 가난한 시골 소년에서 시작해 도시에서의 고된 노동을 거쳐 성공한 자수성가형 인물이다. 실용주의와 현실주의를 바탕으로 한 정책들은 그가 진정한 의미의 보수주의자임을 보여준다. 그런 점에서 우리는 이미 이재명을 알고 있다. 이재명은 우리가 추억하는 진짜 보수 지도자의 '쓸모'를 가지고 있다.

이재명을 '진보'로 규정하는 것은 너무나 자연스럽다. 그가 기본소득을 말했고, 무상복지를 외쳤으며, 재난지원금을 전 국민에게 뿌리자고 했기 때문이다. 그러나 그런 쉬운 프레임은 그를 오독한다. 그는 복지라는 언어를 사용하는 동시에 언제나 "돈 쓸 땐 죄책감을 가져야 한다"고 말하는 사람이다. 포퓰리즘이 아니라 시스템을 주장하며, 단기적 인기보다 장기적 지속가능성을 중시한다. 그는 복지주의자라기보다는 미래의 기획자라고 할 수 있다.

이재명은 성남시장 시절 "내가 시장이니까 돈을 쓰는 게 아니라, 시민이 나를 고용한 고용주니까 지갑의 용도를 시민이 정해야 한다"고 했다. 시장과 기업의 논리를 정확히 이해한 이의 발언이다. 정치란 대의가 아니라 계약이고, 계약의 본질은 비용과 책임이다. 그의 정치 철학은 감성이 아니라 구조이고, 그 구조 안에서 돈은 가능성을 열어주는 기획의 도구다. 이재명은 포퓰리스트라며 공격당할 사실을 뻔히 알고도 정책을 몰아붙였다. 자기 일에 진심이라는 뜻이다. 인기몰이용 선물을 뿌릴 거였으면 정말로 싼값에 인기를 사들였을 것이다.

이재명은 스스로 "경북 안동에서 태어나 수도권에서 생존한 노동자 출신"이라 소개한다. 이 말은 단순한 자수성가의 내러티브가 아니다. 그 안에는 이촌향도의 한국사, 산업화의 희생자이자 주체였던 세대의 경험, 수직적 권력사회에서의 생존법이 고스란히 담겨 있다. 그는 사실상 정치로 구현된 산업화 세대의 기억이다.

그의 고향이기도 한 경북은 해방 이후 최대 규모의 산물에서 재건되어야 한다. 대한민국도 마찬가지다. 수백만 자영업자의 붕괴, 인류 역사상 가장 심각한 저출산, 경제 성장 없는 물가상승, 부동산 지옥, 다가오는 전쟁의 위협과 현직 대통령의 친위 쿠데타 시도라는 전대미문의 내란 사태로부터 정상화되어야 한다. 대한민국은 여러 번 재건되었다. 재건될 때마다 그 뒤에는 실용적인 결과주의자들이 있었다. 이재명은 그들 중 하나다. 이재명은 익숙한 풍경이다. 몰랐다고 착각하거나 다른 인물로 오인했을 뿐, 우리는 사실 예전부터 이재명을 알고 있었다.

'진짜' 성장주의자
이재명

알아볼 필요가 있는
정치인

진짜 이재명
VS
가짜 이재명

성공한
사람이
존경받는
나라

chapter
02

이재명의 쓸모:

이재명은
돈 버는 사람들의
적이었던
적이 없다

서상윤 | 홍대선

'코리아
디스카운트'를
어떻게
해결하는가

이재명의
제일 원칙:
최대
다수의
최대
행복

경제에
'미친' 사람

이재명은 부자의
적이었던 적이 없다

보수는 결과를
본다

이재명의 쓸모

알아볼 필요가 있는 정치인

포퓰리스트, 반기업·반시장주의자, 대책 없는 분배주의자, 나라 살림 거덜낼 사람, 심지어는 종북좌파까지…. 설명도 근거도 없이 이재명에게 덧씌워진 이미지다. 이재명은 재정이 파탄나 사실상 부도 직전에 몰린 성남시를 맡아 흑자 경영으로 전환했고, 경기도지사 시절에도 살림을 거덜내기는커녕 사람들의 살림살이에 도움과 보탬이 되는 것을 늘 고민하며 도정을 운영했다. 이재명의 성남시정과 경기도정 운영이 반기업적이었다고 조목조목 근거를 들어 비판하는 일 같은 건 일어나지 않았다.

이런 식의 딱지 붙이기가 얼마나 폭력적인지 예를 들어 살펴보자. 어떤 학생이 교실이 너무 더러우니 다 같이 청소하자고 제안한다. 그런데 그를 싫어하던 다른 학생이 그를 손가락질하며 "이 녀석이 교실을 더럽히고, 불태우자고 한다!"고 소리친다. 물론 해당 학생은 그런 말을 한 적이 없다. 그런데 단지 그를 매도하는 목소리가 크다는 이유만으로 잠재적 방화범이 된다면 얼마나 억울할까? 심지어 그가 '잠재적 방화범'이라는 명목으로 징계를 받는다고 하자. 그에게는 너무나 심각한 일이겠지만 다른 학생들에게는 별다른 피해가 없을 것이다. 그런데, 아니다. 손해를 본다. 교실을 청소해야 한다는 과제는 잊혀지고, 학교는 계속해서 더러워질 것이다. 나중에는 아무도 학교를 다닐 수 없는 수준까지 떨어질 수도 있다.

이재명은 시장의 적이었던 적이 '한 번도' 없다. 그는 자신이 '친노동이지만 반기업은 아니다'라고 여러 차례 밝혀왔다. 그는 어찌 보면 매우 단순한 공리주의자여서 사무적인 태도로 전체의 이익에 접근한다. 결과적으로 이재명은 진보와 보수를 가르는 통상적이고도 고전적인 구도를 해체한다. 그는 노동자에게 우호적인 정책을 제시하면서도 기업의 존속과 성장, 시장의 원리를 긍정한다. 그는 시장의 작동 원리를 부정한 적이 없다. 대신 시장이 제대로 기능하기 위한 제도적 기반의 필요성을 강조해왔다. 그는 시장이 지속 가능하려면 어떤 조건이 갖춰져야 하는지를 가장 집요하게 물었던 정치인이다.

기본소득, 재난지원금, 청년배당 등 그가 내놓은 정책은 '목소리 큰' 반대 세력의 공격과 민주당의 허술한 홍보 탓에 대중에게 '퍼주기'라는 인상을 남겼다. 하지만 그러한 정책들이 등장한 배경은 정반대다. 이재명은 성장이 멈춘 시대에 '경제 순환'을 회복하기 위한 방법으로 기본소득을 꺼내들었다. 시장이 작동하지 않는 조건에서 소비가 멈추고, 수요가 사라지고, 결국 기업도 생존할 수 없게 되는 구조를 지적한 것이다. 그에게 기본소득은 단순한 분배 정책이 아니라 성장의 엔진을 다시 돌리기 위한 점화 장치였다. 그는 기본소득을 '자유와 기회의 토대'로 정의하며, 일정 수준의 소득 보장을 통해 사람들에게 소비 여력을 회복시키고, 중소 상공인의 매출을 유지시키고자 했다. 시장 자체를 다시 굴러가게 하려는 구상인 것이다.

이재명은 경제적으로 보수다. 이승만의 제1공화국 시절, 농지개혁을 통해 숱한 소작농이 자영농으로 변모했다. 농부들이 비로소 잉여생산물을 확보하고, 그렇게 남는 돈으로 공부시킨 자식 세대가 바로 산업화세대다. 그들이 박정희의 제3공화국에 이르러 팽창하기 시작한 산업 분야에 '산업역군'으로 투입되면서 생산과 소비의 주역이 되었다. 이재명은 드라마틱한 성공을 거둔 대한민국 경제사의 흐름을 이어가려는 의지를 가지고 있다. 경제와 관련한 이재명의 모든 정책은 두 가지 단어로 설명 가능하다. '지속가능성' 그리고 '성장가능성'이다.

이재명의 접근은 좌파의 전형적인 분배 지향적 관점과는 구별된다. 그는 '성장 없는 복지는 없다'는 명제를 반복했고, '복지는 비용이 아니라 투자'라고 말했다. 결코 감성적 수사가 아니라 구조에 대한 고민에서 비롯된 정책이다. 그는 복지를 위한 복지를 말한 적이 없다. 어디까지나 시장이 유지되는 조건을 위해 복지와 소비의 기반을 유지하고자 했을 뿐이다. 현재 대한민국에서 경제와 복지, 아니 그냥 간단히 말해 '국민이 먹고 사는 문제'에 이렇게까지 깊게 접근한 정치인은 없다. 그의 2025년 슬로건인 '성장과 회복'은 단순한 정치적 수사가 아니다.

그런데 어쩌다 이재명은 뒷일을 생각하지 않는 '퍼주기' 포퓰리스트가 된 걸까. 한국 정치가 여전히 1980년대의 문법으로 아군을 포장하고 적을 공격하기 때문이다. 이 점에서는 보수와 진보 모두 게으르다. 적진에서는 이재명을 나라를 거덜낼 사회주의자라며 삿대질한다. 민주당은 여전히 가치 일변도로 그를 포장하려고 한다. 약자와 노동자, 민족주의, 독립운동가의 편이라고만 한다. 그게 전부가 아닌데도 말이다. 의식적이든 아니든, 수십 년 관성이 그대로 이어져오고 있다. 이미 산업화뿐 아니라 민주화까지 완료한 선진국에 진입했음에도 낡은 정치 문법 때문에 이재명이 어떤 정치인인지 상대편은 물론 지지자들에게도 제대로 전달되어 있지 않다. 그러나 그는 굳이 '알아볼 필요가 있는' 정치인이다.

'진짜' 성장주의자 이재명

> "나는 시장을 부정하지 않는다. 오히려 시장을 가능하게 하는 조건을 만들고 싶다."

이재명은 반시장주의자가 아니다. 그는 자신을 '진보적 실용주의자'라고 불렀지만, 내 생각은 다르다. 그의 실용주의는 진보와 보수를 구분하는 선을 가로지른다. 그는 세금을 늘리자는 진보의 방식에도, 세금을 줄이자는 보수의 방식에도 조건을 붙인다. 전통적인 민주당 정치인과는 동떨어진 삶을 살았고, 학생운동을 해본 적도 없으며, 지방에서 중앙으로 그리고 길바닥에서 대선 후보까지 올라선 비주류답게 가뿐하게 이념을 벗어난다. 이재명은 섬뜩할 정도로 비이념적이어서, 나는 그의 사상을 '최대 다수의 최대 행복'일 뿐이라고 설명할 수밖에 없다. 누군가가 시장주의자라면, 그에게 시장은 팽창해야만 옳다. 그런 점에서 이재명은 성장주의자다.

이재명의 경제정책은 본질적으로 성장 지향적이다. 그가 경기도지사 시절 추진했던 '경기도형 기본소득'은 단순한 복지 정책이 아니라 내수 진작을 통한 지역경제 활성화를 목표로 했다. 이는 박정희 시대의 경제 개발 논리와 맥이 닿아 있다. 소비 촉진을 통해 생산을 자극하고, 이를 통해 고용을 창출하는 선순환 구조를 만드는 것이다.

글로벌 경제 시대에 한국의 국제 경쟁력 강화를 위해 자유무역 확대를 지지해온 이재명은 보호무역주의적 성향이 강한 전통적인 진보와 결이 다르다. 외려 적극적인 자유무역협정(FTA) 체결과 글로벌 가치사슬 편입을 통해 한국 경제의 성장 동력을 확보해야 한다는 입장을 표명해왔다. 특히 그는 한국 경제가 인적 자원을 활용한 가공무역과 서비스 수출에 의존할 수밖에 없는 구조임을 인식하고, 정부의 외교안보 역량을 동원하여 우리 기업들이 해외에서 활동할 수 있는 '운동장'을 넓히는 데 주력하겠다고 한다.

이재명은 경기도지사 시절 '규제 샌드박스'를 적극적으로 도입하여 기업들의 혁신 활동을 지원했다. 불필요한 규제를 과감히 철폐하고, 신산업 육성을 위한 제도적 기반을 마련하는 데 주력했다. 이재명은 대기업과 중소기업의 상생을 강조하면서도, 대기업에 대한 무조건적인 규제보다는 공정한 경쟁 환경 조성에 초점을 맞추었다.

"기업이 돈을 벌어야 일자리가 생기고 세금이 걷힌다."

경기도지사 시절 이재명의 말이다. 딱지붙이기와 달리 이재명은 원래부터 친기업적인 정치인이었다. "세계 5강, 국민소득 5만 불, 주가 5000 시대"를 주장하는 이재명은 경제에 관한 한 언제나 보수적인 성장주의자였다. 그는 민주당의 정체성을 논하면서 경제·안보 분야에서는 '중도, 보수적 접근'이 필요하다는 발언까지 한 적이 있다. 실용주의자는 항상 현실적 결과를 위한 판단을 한다. 방향보다 방책, 이념보다 결과를 보는 태도. 이재명은 그 점에서 가장 이념으로부터 멀고, 가장 생활에 가까운 정치인이다.

이 책의 독자 중 많은 이들은 여전히 의문을 가질 수 있겠다.

"그래도 그는 기본소득을 주장하지 않았는가?"
"그래도 그는 민주당 사람이지 않는가?"

질문에 답하려면 그가 왜 기본소득을 주장했고, 왜 민주당이라는 틀 안에서 활동했는지 봐야 한다. 기본소득은 그에게 있어 복지가 아니라 소비 기반 복원의 도구였고, 민주당은 그의 정치적 인큐베이터였을 뿐이다. 이재명은 오히려 당내 기득권과 끊임없이 갈등했고, 시장에 대해서 언제나 당보다 유연한 입장을 보여왔다. 그러나 사람들은 위의 질문을, 질문이 아니라 비난의 의미로 던지고는 답을 듣지도 않고 등을 돌려왔다. 이쯤 됐으면 답을 한 번 들어볼 차례.

성공한 사람이 존경받는 나라

상속세 정책에 있어 이재명만큼 실용적인 정치인은 찾아보기 힘들다. 기존부터 민주당이 상속세율 인상과 공제 축소를 주장한 것과 달리, 이재명은 "중소기업과 가업 승계에 있어서는 상속세 완화가 필요하다"는 입장을 밝혔다. 그는 "건전한 기업 생태계 유지와 일자리 보전을 위해 가업상속공제 제도를 현실에 맞게 개선할 필요가 있다"고 했다. 세금을 통한 부의 재분배라는 전통적 가치와 기업 경쟁력 유지라는 현실적 필요성 사이에서 균형을 찾으려는 실용주의적 태도다. "상속세 제도가 재벌의 부의 대물림을 막는 장치이기도 하지만, 중소·중견기업의 경우 과도한 상속세로 인해 기업 경영이 어려워지거나 해외로 빠져나가는 것은 막아야 한다"는 이재명의 입장을, 그의 말을 빌어 짧게 축약하면 다음과 같다.

"감세가 아니다. 조세 정의의 회복이다."

특히 상속 공제를 기존 5억 원에서 8억 원으로, 배우자 공제를 5억 원에서 10억 원으로 확대하겠다는 방침은 단순히 부자 감세가 아니다. 이는 오히려 중산층 보호 정책이라 할 수 있다. 한국은 급속한 경제성장의 결과 1980년대 들어 세계에서 가장 두터운 중산층을 가지게 됐다. 1980년대가 이전 역사의 결과인 만큼, 현재 선진국에 진입한 힘도 1980년대에서 나왔다. 이재명은 대한민국이라는, 멈추면 쓰러지는 자전거의 바퀴를 계속해서 굴리고 싶어한다. 그래서 이 대목에서 그는 보수 진영이 자주 강조하는 '정상 과세'와 손을 맞잡는다. 기존의 기준을 오래 방치해 실질적인 조세 부담이 과도하게 늘어났다면, 이는 공정성의 문제다. 세금은 정당하게 부과되어야 할 뿐 아니라, 예측 가능해야 한다. 무엇보다 사회적으로 납득 가능한 수준이어야 한다. 이재명은 그 지점을 겨냥해 시장의 지속성을 위한 세제 조정을 꺼내 들었다. 그는 "과세표준 18억 원까지는 상속세를 면제해 집 한 채

소유자가 사망해도 상속세 때문에 집 팔고 떠나지 않게 하려 한 다"라고 분명히 밝혔다.

이재명의 정책 방향은 자산 형성의 전 과정을 범죄시하는 태 도와는 전혀 다르다. 그는 부자는 나쁘다고도, 착하면 가난해야 한다고도 생각하지 않는다. 이재명은 자산을 갖게 된 사람을 징 벌의 대상으로 여기지 않는다. 오히려 자산을 정당하게 축적할 수 있는 구조를 만들고, 그 과정에서 과도한 세금으로 기회의 박 탈이 일어나지 않도록 제도적 기반을 설계해야 한다는 입장이다. 그는 이렇게 말했다.

"성공한 사람이 존경받게 해야 나라가 건강하다. 지금은 잘된 사람을 처벌하자는 정서가 있다."

성장이 있어야 분배도 가능하다고 말하는 이재명은 성장의 연료가 되는 자본에 '원래부터' 친화적이었다. 그는 자본주의자 이면서도 공산주의자라고 손가락질받았다. 그가 자본의 자유와 권리에 얼마나 천착하는지 알려주는 예는 차고 넘친다. 오히려 민주당 정치인으로서 자본주의 사회의 원리에 너무 충직한 호위 무사가 아니냐고 타박받는다면 덜 억울할 것이다.

이재명은 구체적으로 어떻게 자본을 지키려 하는가? 먼저 이재명은 증권거래세 폐지를 추진한다. 현재는 주식을 매도할 때 이익이 발생하는지와 상관없이 증권거래세가 기계적으로 부과된다. 증권거래세를 단계적으로 폐지하겠다는 그의 공약은 일단 세금 부담을 완화한다. 더 나아가서는 단기 매매를 포함한 거래 비용을 절감해 보다 많은 이들이 자유롭게 투자할 수 있도록 유도한다.

진짜 이재명 VS 가짜 이재명

'진짜 이재명'은 가난한 사람들에게 무차별적으로 돈을 뿌리려고 한다는, 반대편이 만들어낸 '가상의 이재명'과 완전히 다르다. 그들이 꾸며낸 내용처럼 자본 없는 사람들에게 돈을 뿌리려면, 자본에 세금이라는 빨대를 꽂아 자본의 규모를 축소시켜야 한다. 이재명은 거꾸로 손실이 발생해도 세금을 내야 하는 불합리성을 반대한다. 거래세를 폐지하되 주식양도소득세는 유지하는 쪽으로 과세 체계를 전환하는 국제적인 추세에도 부합한다. 자본의 팽창은 경제의 성장과 유지에 필수재다. 이재명은 1980년대의 낡은 정치구도에서 벗어난 몇 안되는 한국 정치인 중 하나다. 그는 피땀을 흘려 채운 노동자의 지갑만이 진실한 재산인

양 말하는, 비슷한 나이대의 진보 정치인과는 완전히 다른 생각을 갖고 있다.

이재명의 주식양도소득세 유지와 금융투자소득세(금투세) 폐지 동의는 민주당 내에서 논란과 반발을 일으켰다. '소득 있는 곳에 과세한다'는 원칙에 따라 주식 양도 차익에 대한 과세를 유지하자는 것은 얼핏 보면 친민주당적인 결정으로 보인다. 하지만 이재명은 연간 5천만 원이라는 높은 비과세 한도를 설정했다. 또한 3년 이상 장기 보유 주식에 대한 세제 혜택을 검토했다. 가치투자를 통해 투자하는 개인, 기업, 국가에 모두 이익이 되는 길이다. 또한 국가의 권위와 세금제도가 자본을 위축시키는 현상을 막겠다는 의지다. 이재명은 금융시장과 자본을 지극히 존중한다. 특히 2025년 시행 예정이었던 금융투자소득세(금투세)에 대한 이재명의 입장은 주목받아야 마땅하다. 민주당의 기대를 저버리고 정부와 여당의 폐지 주장에 동의하는 방향으로 선회한 것이기 때문이다. 그는 "대한민국 주식시장이 너무 어렵고 1,500만 주식투자자들의 입장을 고려하지 않을 수 없다"고 말했다.

이재명도 과세 원칙을 중요하게 생각한다. 하지만 그가 말하는 원칙은 지침이나 법규를 문자 그대로 지키고 보전하는 그런 억압적인 규칙이 아니다. 원칙과 함께 시장 상황과 투자자 여론을 감안해 움직이는 실용적 판단이 중요하다. 금융투자소득세

유예에 대해 정치권에서는 비판과 옹호가 갈렸지만, 그는 "시장 불안을 키우는 방향이 아니라, 참여자들이 룰을 납득하는 구조로 가야 한다"고 입장을 밝혔다. 이는 세수 확보나 과세 정의보다도 시장 참여자들의 '예측 가능성'과 '납득 가능한 질서'를 우선한 결정이었다.

한국 정치에서는 당의 오랜 기조나 당론에 엇나가면 배신자 소리를 듣곤 한다. 거꾸로 상대의 정책에 동조하면, 항복이거나 적어도 매우 불쾌한 일이 된다. 이재명은 현실적으로 필요하다고 생각되면 얼마든지 양보한다. 이재명의 세제 정책은 일관되게 현실을 반영한다. 그는 근로소득세 과표 기준이 16년째 조정되지 않고 있다는 점을 지적하며, "물가는 오르고 임금은 제자리인데, 세금만 올라간다"고 말했다. 단순히 '세금 깎아주자'는 입장이 아니라, 과세 기준과 납세자의 현실 사이의 괴리를 인정하고 조정하자는 얘기다. 다시 말해, 조세의 형평성을 감세나 증세라는 이념의 문제가 아니라 사회적 신뢰를 구축하는 기술적 설계의 문제로 간주한다.

그러므로 이재명을 비난하려면 오히려 너무 이념적이지 못하다는 이유로 타박해야 한다. 그런데 거꾸로 이념에 현실을 구겨넣는다고 비난받고 있으니 보는 사람이 다 답답할 정도다.

'코리아 디스카운트'를 어떻게 해결하는가

현대사회에서 많은 이들이 주식투자에 매달리는 이유는 탐욕적이어서가 아니다. 직장에서 받는 급여나 자영업 매출만으로는 가족의 미래와 자신의 노후를 장담할 수 없어서다. '만인의 만인에 대한 투쟁'이 아닌, '만인의 만인에 대한 투자'는 이미 자본주의 선진국 국민이라면 기본적인 경제활동이 되었다. 그런데 정작 한국인은 안심하고 한국 기업에 투자하지 못한다. 개인 투자자가 공정성을 신뢰하고 자신의 피 같은 수입을 투자하기에는 너무나 불리하고 불안한 환경이기 때문이다. 한국 기업의 주식이 신뢰성이 낮은 것은 현재 한국 시스템이 국내 기업에 대한 주주의 권익을 보호하지 못하기 때문이다. 이에 따라 기업의 실제 가치보다 주식가치가 지나치게 낮은 현상이 일어난다. 이른바 '코리아 디스카운트'다.

코리아 디스카운트는 한국 경제의 발목을 잡는 심각한 질병이다. 이 질병을 해결하지 못하면 한국이 비록 선진국이 되었어도, 더 나은 국가는 되기 힘들다. 국민이 돈을 벌고 기업의 가치가 올라가고, 더 나아가 지금보다 한 단계 뛰어넘은 경제선진국이 되기 위해서는 한국인이 한국 기업에 적극적으로 투자해야 한다. 그런 점에서 이재명이 가장 크게 고민하는 분야가 바로 주식시장 개혁이다.

투자자가 보호받아야 투자가 활성화된다. 이재명은 불공정 거래 근절을 위한 강력한 집행을 추구한다. 금융감독원 산하 특별사법경찰 제도 강화, 내부고발자 보호 및 포상 수준 현실화, 불법 행위에 대한 과징금 대폭 상향 등의 조치는 시장 질서를 교란하는 '작전 세력' 및 내부자 거래 등에 대한 실효성 있는 제재를 목표로 한다. 법규 위반에 대한 기대 비용을 높여 불공정 행위를 사전에 억제하고, 적발 시 강력한 처벌을 통해 시장 참여자들에게 공정한 규칙이 작동하고 있다는 신뢰를 심어주게 된다. 특히 일부 임직원의 '꼬리 자르기'식 행태를 방지하기 위해 해당 기업에 대한 금전적 제재를 강화하는 방안은 기업 차원의 책임감을 높여 내부적 모럴 해저드(도덕적 해이)에 강한 압박감을 줄 것이다. 이재명은 또 SNS 등을 통한 허위 정보 유포 등 신종 시장 교란 행위에 대한 처벌 근거를 마련하려고 한다.

소액주주 권익 침해 방지를 위한 물적분할 규제는 이재명의 주식시장 개혁의 핵심 중 하나다. 핵심 사업부를 분할해 자회사로 상장시키는 과정에서 기존 모회사 주주들이 가치 하락으로 피해를 보는 문제를 해결하기 위해, 이재명 대표는 초기 '주식매수청구권 부여'에서 더 나아가 '물적분할 후 재상장 금지'라는 강력한 입장을 제시했다. 이는 지배주주와 소액주주 간의 이해 상충 문제를 근본적으로 해결하려는 시도로, 기업 분할 결정 시 소액주주의 이익을 보다 중요하게 고려하도록 강제하는 효과를 가진다. 이를 통해 기업 경영의 투명성을 높이고, 소액주주들이 예측 불가능한 가치 훼손 위험에서 벗어나 안정적으로 투자할 수 있는 환경을 조성한다.

한국의 기업들에도 이제는 선진적 기업지배구조가 확립되어야 한다. 아니, 사실은 그럴 시기가 지난 지 오래다. 이재명은 이사의 충실의무 대상에 '회사'뿐 아니라 '주주'의 이익까지 포함하도록 상법 개정을 추진하는 공약을 내놓았다. 이사회가 특정 대주주가 아닌 전체 주주의 이익을 위해 행동하도록 유도하는 중요한 제도적 변화다. 외국에서는 기업 수뇌부가 주주를 위해 일하는 게 당연하다. 이 당연한 일이 한국에서만 일어나지 않는 원인을 제거하는 것이다.

이재명은 분할·합병 등 중요 의사결정이 있을 때 소수주주 다수결제(Majority of Minority, MoM)를 도입해 소액주주에게 실질적인 거부권을 부여하려고 한다. 지배주주의 독단적인 경영을 견제하기 위해서다. 이러면 자사주를 이용한 편법적인 지배력 강화를 방지하고 기업 지배구조의 투명성과 공정성이 높아진다. 개인 투자자들이 기관 투자자에 비해 공매도 시장에서 구조적으로 불리하다는 문제의식 하에, 이재명은 개인 투자자의 공매도 대주

기간을 기관과 유사하게 연장하는 방안을 제시했다. 공매도 자체를 폐지하기보다는, 현행 제도 내에서 '기울어진 운동장'을 바로잡아 개인 투자자에게도 공정한 경쟁 환경을 제공하려는 접근이다. 이재명의 공약이 현실화되면 당연히 기업은 국내외 투자자들의 신뢰를 얻게 된다. 이재명은 '코리아 디스카운트'를 완화하려고 하지 않는다. 극적으로 해결하고자 한다.

이재명의 이러한 주식시장 개혁 방안은 단기적인 주가 부양보다는 시장의 근본적인 신뢰 회복과 장기적인 건전성 확보에 초점을 맞추고 있다. 특히 물적분할 규제나 지배구조 개선과 같은 구조적 개혁은 '코리아 디스카운트'의 핵심 원인으로 지목되는 문제들을 직접 겨냥하고 있다. 이는 단순한 처벌 강화를 넘어 시장의 규칙 자체를 바꾸려는 강력한 의지다.

이재명의 제일 원칙:
최대 다수의 최대 행복

이재명의 주식시장 개혁이 성공한다면 누가 손해를 볼까? 개인 투자자는 손해 보지 않는다. 기관도 마찬가지다. 한국이라는 새로운 '안전한' 투자처를 확보한 외국인 투자자에게도 기회가 생기니 외국 자본이 한국에 흘러들어온다. 무엇보다 기업가치가 올라가면서 기업에도 이익이 된다. 손해를 보는 건 법적 권리 이상으로 과도하게 기업의 의사결정권을 행사했던 극소수의 사람들뿐이다.

이재명은 지금까지의 좌우 정치인들과 달리 재벌가의 일원과 기업 자체를 분리해서 사고한다. 당연한 접근법이지만 아직껏 한국의 좌우 정치는 당연한 것을 못 하고 있다. 보수는 정치권이 재벌가 출신 기업인을 건드리면 나라를 먹여 살리는 대기업이 흔들린다는 식으로 호들갑을 떤다. 반대로 진보는 재벌집 자식들이 미운 나머지 국가와 국민의 자산인 기업까지 미워하는 실수를 해왔다. 이재명은 다르다. 그에게 중요한 것은 '최대 다수의 최대 행복'이다.

이재명의 정치는 감성에 호소하는 복지주의가 아니다. 오히려 보수적 가치인 '기회와 책임의 균형' 바깥으로 나가본 적이 한 번도 없다. 이재명의 시장 인식은 자본시장 개혁 제안에서 뚜렷하게 드러난다. 그는 대한민국 주식시장이 구조적으로 외국인 투자자나 기관 중심으로 설계되어 있으며, 개인 투자자—특히 청년, 중산층의 자산 형성 수단으로 기능하지 못하고 있다고 지적해왔다. 이미 2022년에 이렇게 발언한 바 있다.

"정상적인 자본시장이라면, 투자가 투기로 전락하지 않도록 시스템이 뒷받침되어야 한다."

이재명은 불공정 거래에 대한 제재 강화, 자본시장 내 특별 사법경찰 권한 확대, 내부자 거래에 대한 처벌 수위 상향 등의 입장을 내놓았다. 보수적 시각에서 이는 규제로 비칠 수 있다. 그러나 이재명의 입장은 단호했다.

"시장을 무너뜨리는 건 개입이 아니라 방임이다. 규율이 없으면 자본은 불신으로 도망간다."

이재명은 시장에 대한 신뢰는 규제가 없을 때 생기는 것이 아니라, 공정한 룰이 보장될 때 비로소 회복될 수 있다는 점을 강조했다. 이는 시장의 자율성과 안정성을 동시에 추구하는 고전적 보수주의의 명제와 충돌하지 않는다.

가상자산(암호화폐)에 대해서도 이재명은 현실주의자의 면모를 드러낸다. 그는 가상자산이 하나의 실재로서 현실세계에 존재하고 사람들이 그에 따라 움직이는 현실을 전제로 정책을 제안한다. 가상자산은 부정한다고 사라지지도 않고 막는다고 막히지 않는다. 이재명은 지금까지 정부와 야당이 했던 것처럼 신중

하거나 규제 중심적인 접근과는 다른 길을 제안한다. 가상자산을 적극적으로 인정하고 활용하되 부작용은 막자는, 너무나 상식적인 접근이다.

이재명은 가상자산을 양지로 끌어올리되 명확한 법제화를 통해 국익의 일부로 포섭하겠다는 입장이다. '디지털자산기본법'을 제정해 객관적인 가상자산 상장 기준을 마련하고, 투명한 공시 제도를 도입하며, 불공정 거래 행위를 감시하고, 처벌 기준을 명확히 하자는 것이다. 가상자산 시장의 불확실성을 없애고 참여자들이 납득할 수 있는 생태계를 조성하는 것이 그의 목표다. 이 생태계는 기업에게도 예측 가능한 사업 환경을 제공하고, 투자자들이 안심하고 투자할 수 있는 기반을 마련해준다. 결국 국가와 국민 모두에 도움이 된다.

이재명에게 있어 시장은 기본적으로 성장할수록 좋은 것이다. 한국 금융당국은 가상자산 발행(ICO)을 금지했지만, 이재명은 투자자 보호 및 시장 교란 방지 장치 마련이라는 최소조건을 내건 후 허용을 검토하겠다는 뜻을 밝혔다. 이는 국내 기업들이 해외가 아닌 국내에서 자금을 조달하고 기술 개발을 추진할 수 있는 길을 열어줄 것이다. 무엇보다 국부 유출을 막는 '토종 코인' 생태계를 육성하려고 한다. 더불어 가상자산 양도소득에 대한 비과세 한도를 현행 250만원에서 주식과 동일한 5천만 원으로 상향 조정하겠다는 공약은 가상자산 투자에 대한 세금 부담을 완화하여 투자를 늘리고, 다른 자산과의 과세 형평성을 맞추려는 시도다. 또 대체불가토큰(NFT) 거래 활성화 지원, 증권형 토큰(STO) 발행, 나아가 법인의 가상자산 투자 허용을 검토하고 있다.

가상자산에 대한 이재명의 정책은 모두 뚜렷하게 시장의 확대와 국익 증대를 목표로 한다. 여기 어느 구석에 '종북좌파'가 있는지 반대자들에게 묻고 싶다.

경제에 '미친' 사람

이재명이 시장에 접근하는 방식에서 봐야 할 것은 그가 시장을 단순히 보호하거나 통제하려 하지 않는다는 사실이다. 그는 시장을 '재설계의 대상'으로 본다. 구조를 바꾸고, 룰을 정비하고, 참가자 간의 불균형을 바로잡는 것을 통해서만 시장이 지속 가능하다는 확고한 인식을 가지고 있다. 중소기업 정책은 이재명의 이러한 관점을 명백히 보여준다.

이재명은 중소기업을 보호해야 할 대상이 아니라, '시장 자체의 기반'으로 바라본다. 대기업 중심의 경제 구조가 장기적으로 지속되기 위해서라도, 하부 생태계가 건강해야 한다는 점을 여러 사리에서 밝혔다. 그가 추진한 중소기업 관련 정책은 기술 탈취 방지, 납품단가 연동제 도입, 하도급 거래 공정화, 징벌적 손해배상 강화, 공정위 전속고발권 폐지 같은 내용을 포함한다. 이는 단순한 중소기업 '지원책'이 아니라, 시장 경쟁의 질서를 복원하는 설계 방안이다. 아래 말은 그러한 생각을 잘 드러낸다.

"시장에서 공정한 경쟁이 이루어지지 않으면 자본주의가 아니다."

이 말 어디에 반자본주의적인 부분이 있는가? 오히려 '경쟁'은 보수가 가장 좋아하는 단어가 아닌가? 경제가 살아나려면 활발한 경쟁이 가능하도록 제도적 토대가 유지되어야 한다. 그런 의미에서 이재명은 매우 전통적인 시장주의자다. 이러한 관점은 스타트업 및 벤처 정책에서도 일관되게 나타난다. 그는 창업 생태계가 단지 '청년 일자리 창출의 수단'이 아니라, 대한민국 산업구조의 재편을 가능하게 할 엔진이라고 짚는다. 그는 "기업가 정신이 존중받는 사회가 되어야 한다. 실패하더라도 다시 일어설수 있는 생태계가 국가 경쟁력이다"라고 했다. 그에 따라 정부가 창업 초기의 실패 리스크를 줄여주고, 회복 가능한 안전망을 제공해야 한다고 말한다. 보수 진영이 실천하지 않고 말만 해온 '실패할 권리'와 정확히 같은 말이다.

이재명은 창업 인프라 확대, 모태펀드 투자 확충, 기술금융 활성화, 기술보증기금의 구조 개편, 청년창업 기금 조성 등을 약속했다. 여기에 '규제 샌드박스' 확대와 '지역별 혁신허브' 구축 같은 계획도 포함됐다. 경기도지사 시절 이미 시행했던 일들을 더 잘하겠다는 것이다.

이재명은 혁신의 가능성이 제도에 의해 꺾이지 않는 환경을 만들고 싶어 한다. 그는 불평등을 문제 삼는 사람이기도 했지만, 기회의 비대칭을 바로잡아야 혁신이 가능하다고 믿는 사람이기도 하다. 이재명이 정의로운 사회를 말할 때 그 정의는 추상적인 가치투쟁이 아니다. 이재명의 정의는 결과의 평등이 아닌 기회의 평등, 시장 안에서의 경쟁을 원칙으로 삼는다.

이재명은 문화산업 분야에서도 지나칠 정도로 현실주의적인 관점을 일관한다. 그는 영화, 드라마, 게임 등 콘텐츠 산업을 '부가가치와 고용 유발 효과가 제조업 이상인 미래 산업'으로 규정했다. 단순한 지원이 아니라 수출, 투자, 자금 회수 구조까지 염두에 둔 금융 설계를 제안하기도 했다. 그는 "문화콘텐츠는 국가 브랜드를 키우는 성장 동력"이라며, 투자 유치, 세액 공제, 문화산업 전용 펀드 설립 등을 계획에 포함시켰다. 문화산업을 멋진 아이템이 아니라, 자본이 순환하는 시장으로 인식하는 것이다. 콘텐

츠를 '산업'으로 보는 그의 시각은 기존 보수 진영의 문화담론보다 오히려 더 실용적이다. 한마디로 이재명은 놀라울 정도로 경제에 '미친' 사람이다.

이재명은 부자의 적이었던 적이 없다

조세 정책에 대한 이재명의 접근은 단지 세율을 높이거나 낮추는 단순한 계산을 넘어선다. 그에게 조세의 공정성과 예측 가능성은 각각의 생활인들이 시장을 신뢰할 수 있는 기반이다. 공정한 세금은 단지 정부의 재원을 마련하는 수단이 아니라, 시장 참여자들이 자신의 자산 형성 경로를 신뢰하고 장기적 계획을 세울 수 있는 조건이라는 것이다. 이재명은 근로소득세 과표 기준이 오랫동안 동결되어 있었다는 사실을 지적하면서 "명목임금은 올랐지만 과표는 그대로이기에 실질적인 세부담은 오히려 늘었다"라고 말했다.

감세를 꽃다발처럼 내밀며 서민들에게 구애하는 것일까? 전혀 아니다. 세간의 오해와 달리, 아니 오해와 정반대로, 이재명은 경제적 약자와 강자를 선악으로 나누지 않는다. 그는 부자를 적대해본 적이 없다. 부자의 존재를 그냥 인정할 뿐이다. 2025년은 물론이고 2022년 대선에서도 마찬가지였다. 한강이 내려다보이는 고급 주택에 대해 이재명이 한 말이 화제가 된 적이 있다. "5억이 아니라 500억을 주려고 해도 사겠다는 사람이 있어요. 돈이 많으니까. 그걸 어떻게 말리냐고요." "(부자의 소비를) 누른다고 눌러집니까?" "그걸 막으려고 한 게 문제가 된 것 같아요." 이재명은 이 대목에서 놀랍게도 민주당의 실수를 지적하고 있다. 동시에 부자가 돈 쓰는 꼴을 못내 보기 힘들어하는, 진보진영의 관습적이고도 감정적인 접근을 비판한다. 그래서 그는 부유층을 겨냥한 지금의 과도한 상속세에 비판적이다.

"상속 공제를 20년 넘게 동결해두면, 실질적으로는 조세 부담이 커지는 구조가 된다. 국민 입장에선 조세가 강화된 걸 체감하면서도, 제도는 아무것도 바뀌지 않은 것처럼 보인다"라는 말처럼 이재명의 접근법은 보수 진영이 말로만 외치는 '정상 과세'에 딱 부합한다. 세금은 적절해야 하며, 조세 기준은 경제 상황의 변화에 따라 조정되어야 한다. 그 전제가 흔들릴 때, 자본은 신뢰를 잃고 투자자는 도망친다. 시장에서 자본은 규제보다 불확실성을 더 두려워한다. 조세 제도가 불합리하게 느껴지거나 규칙이 언제든 바뀔 수 있다는 인식이 강해지면, 자본은 장기 투자보다 단기 차익 실현을 선호하게 되고, 이는 전체 시장의 안정성에 부정적인 영향을 준다. 그는 규제 완화를 이야기할 때조차 "규제를 없애기보단, 규칙을 분명하게 하자"고 말한다. 시장의 구조를 걱정하는 이재명이야말로 긍정적인 의미에서 부지런한 보수주의자다.

정책을 통한 시장 예측 가능성, 조세 현실화, 시장 질서 회복. 이는 단순한 경제정책이 아니라 이재명이 바라보는 국가 전반의 운영 원리다. 그는 이념적 경직성보다는 시장이 실제로 작동하는 방식과 그 안에서 생존하는 사람들의 경험을 중심에 놓는다. 경제 주체들의 행위가 제도적 신뢰 위에서 이뤄질 때, 개인의 경제활동이 모여 나라의 먹거리를 만들기 때문이다. 그럼에도 국민의힘이나 보수 언론은 이재명이 "느닷없이 친기업을 외친다"며 "신뢰할 수 없다"고 매도한다. 근거는 어디에도 없다. 단지 그렇게 매도할 뿐이다. 이재명은 학교에 불을 내자고 한 적이 한 번도 없다.

한국의 진보정치는 오랫동안 부자에 대한 분노를 자산처럼 여겨왔다. 가진 자에 대한 의심, 재벌에 대한 경계, 불공정에 대한 처벌 욕망은 진보진영의 정체성과 결합되어 '옳은 감정'으로 추앙받았다. 그러나 이재명은 여기에 '기능'이라는 필터를 하나 더 걸었다. 아래의 말에 그의 생각이 응축되어 있다.

"부자를 미워해선 아무도 먹고살 수 없다."

이재명은 '분노'의 언어가 아니라 '설계'의 언어를 사용한다. 그는 '재벌 해체'가 아니라 '시장 설계'를 이야기한다. '징벌적 과세'가 아니라 '구조적 공정성'을 설계한다. 그가 "주식시장에 기대고 있는 1,500만 국민의 생존"을 언급했을 때, 기존의 진보진영은 혼란스러웠다. 그러나 그는 확신한다.

"원칙은 지켜야 하지만, 시스템이 작동하지 않는다면 설계를 다시 해야 한다."

그의 실용주의는 성장과 분배의 이분법을 무력화시킨다. 그는 '기본소득'을 말하면서도 동시에 '파이 확대'를 외친다. 국토보유세와 함께 부동산 공급 확대를 주장하고, 재난지원금과 대기업 세액공제를 같은 입으로 이야기한다. 이 점에서 그는 진보이면서, 동시에 '산업화 시대의 국가 설계자'들과 대화하는 사람이다.

보수는 결과를 본다

반대자들이 상상하는 '가상의 이재명'은 본인들이 원하는 이미지를 마구 갖다 붙인 것일 뿐이다. 거기에는 이재명이 없다. 반대자들이 상상하는 대로 이재명이 약자의 편인 것처럼 보이는 근거부터 시작해보자. 이재명은 '기본금융'을 통해 금융 접근성을 확대하자고 한다. 신용등급이 낮아 제도권 금융 이용이 어려운 국민에게 최대 1천만 원까지 저리(연 2%대) 장기 대출 기회를 제공하거나, 예금 금리보다 높은 이자를 제공하는 '기본저축' 도입을 구상한다. 금융의 공공성을 강화하려는 시도다. 방금 문장을 그저 '약자 편'으로 해석하기 쉽지만 실제 구조를 상상해보자. 단순한 현금 지원이 아니라 대출이 필요한 사람들이 고금리 사채 시장으로 내몰리는 것을 막고 최소한의 경제 활동 기반을 마련해준다는 의도도. 금융 소외 계층의 경제적 자립을 도우면 국가 전체의 소비 여력이 보존된다. 결과적으로 내수 경제 활성화에 기여한다.

중소기업 및 소상공인 경영 안정 지원책도 이재명을 '사회주의자'로 몰아붙이기 좋은 건수다. 그는 코로나19 팬데믹 등으로 어려움을 겪는 중소기업과 자영업자들을 위해 연 7%가 넘는 고금리 대출을 연 4.5% 금리로 최대 5천만 원까지 갈아탈 수 있도록 지원, 정책자금 대출 연장 조건 완화, 폐업 시 철거비 지원 확대 및 전기료 지원 등 실질적인 부담 경감책을 제시했다. 단기적인 위기 극복 지원이 아니다. 중소기업과 소상공인이 지속적으로 경영 활동을 영위할 수 있는 기반을 마련하는 데 중점을 둔 방책이다. 한국 경제는 인적 자원을 활용한 가공무역과 수출에 의존할 수밖에 없는 구조다. 중소기업과 자영업이 지금의 속도로 계속해서 쓰러지면 대한민국은 불과 수 년도 버티지 못할 것이다. 이재명이 말한 '성장'과 '회복'은 같은 개념의 다른 표현이다. 회복해야 성장하고, 성장해야 회복한다.

성장을 통한 기회 확충과 사회적 안전망 강화를 동시에 추구하는 모습은 기시감을 일으킨다. 수많은 민주당 지지자들이 이책을 욕할지 모르겠지만, 저자로서 솔직히 말하지 않을 수 없다. 이재명은 박정희를 떠올리게 한다. 특히 '기본금융'은 박정희의 국민의료보험처럼 전통적인 복지 개념과는 다른 창의적인 접근 방식을 제시한다. 이재명의 수출 및 전략 산업 육성은 제3공화국 시절처럼 국가 주도의 성장 전략을 품고 있다. 국가 주도의 분배와 성장. 그리고 분배와 성장의 떼려야 뗄 수 없는 밀접한 관계. 이는 박정희가 증명한 한국식 성공 모델이다.

자칭 보수주의자라면 이제 인정해야 한다. 이재명이야말로 보수다. 이재명은 시장 인프라 강화를 추구한다. 주식시장의 공정성, 투명성, 지배구조 개선을 위한 정책들은 시장의 효율적 작동과 신뢰 회복이라는 측면에서 자유시장경제의 근간을 단단히 하려는 노력이다. 규칙에 기반한 시장 질서를 강조하는 보수적 가치와 일치한다. 그래도 이재명이 포퓰리스트인가?

이재명은 증권거래의 효율성을 제고한다. 증권거래세 폐지 추진은 시장의 거래 비용을 낮추고 효율성을 높이려는 시도로, 조세 중립성은 물론이고 무엇보다 자본시장을 활성화하는 측면에서 긍정적으로 평가될 수 있다. 아직도 이재명이 반기업·반시장주의자인가?

가상자산 시장에 대한 전향적인 태도는 새로운 기술과 시장의 잠재력을 인정하고 이를 제도권 내에서 육성하려는 의지다. 혁신과 성장을 중시하는 이 입장이 중국의 사주를 받은 것 같은가?

명확한 경제 성장 목표를 제시하고, 금투세 폐지에 동의한 사례에서 보듯 시장 상황에 솔직하고 실용적으로 대응하는 이재명은 그가 경직된 이념보다는 결과를 중요시하는 사람이라는 사실을 보여준다. 이재명이 빨갱이인가?

물론 기존의 보수적 관점에서 이재명을 비판할 여지가 하나도 없지는 않다. 이재명의 정책은 정부의 역할을 중요시하고, 정부의 재정을 소모시킨다. 기본소득, 기본금융, 광범위한 소상공인 지원 등에는 돈이 든다. 이는 '작은 정부'와 재정 건전성을 중시하는 전통적인 보수 경제 원칙과는 거리가 있다. 특히 국토보유세, 탄소세 등 새로운 세금 도입을 통한 재원 마련 방안은 증세에 대한 보수 진영의 일반적인 입장과 배치된다.

조금 더 구체적으로 말하면, 시장 기능 개선을 위한 '질서를 확립하는 규제'에는 긍정적 측면이 있으나, 어쨌거나 전반적인 규제 완화를 선호하는 전통적 보수와 완전히 결이 일치하지는 않는다. 자본에 대해서도 이재명은 100% 전통 보수라고 할 수는 없다. 주식 양도 차익에 대한 과세 원칙을 유지하자는 접근은 자본 이득에 대한 낮은 세율을 선호하는 전통적인 보수주의 시각과는 차이가 있다.

　이재명의 경제 정책은 시장의 효율성과 공정성을 높이려는 측면에서 보수 및 자유시장 원칙과 접점을 가지지만, 정부의 역할과 재정 운용 방식, 그리고 일부 과세 정책에서는 차이를 보인다. 그러나 과연 어느 나라에서, 제아무리 보수 지도자고 보수 정당이라고 한들 이 정도의 특수한 예외가 없을까. 보수라고 해서 경제 교과서에 나오는 전통 보수의 입장을 100% 따르는 집단은 세상에 존재하지 않는다. 현실은 교과서보다 조금이라도 더 복잡하기 때문이다. 따라서 이재명을 100% 보수가 아니라고 한다면 이 책은 이렇게 답하겠다. 이재명은 100% 보수에 가장 근접한 사람이다. 국민의힘을 포함해 현재 한국의 모든 정치인 중에서 말이다.

이재명의 쓸모

그렇다면 보수정치인 이재명은 쓸모가 있을까? 일단 개인 투자자, 소위 '개미'들에게는 확실히 그렇다. 개미는 가장 직접적인 수혜 대상이 될 전망이다. 주가조작, 불공정 공시 등으로부터 보호받을 수 있는 제도적 장치, 물적분할 시 모회사 주주가치 보호, 개인에게 불리했던 공매도 조건 등이 개선되면 직접적으로 권익을 챙기게 된다. 당장 증권거래세 폐지로 거래비용부터 줄어든다. 기관 투자자와 외국인 투자자들에게도 좋다.

소규모 기업과 스타트업에도 좋다. '기본금융'을 통해 초기 자본 확보에 어려움을 겪는 예비 창업가나 소규모 스타트업이 일부 도움을 받을 수 있다. 물론 대출 한도 등을 고려할 때 그 효과는 제한적일 수 있지만, 도움이 있는 것과 없는 것에는 분명한 차이가 있다. 가상자산 분야의 기업가 및 스타트업은 명확한 법규 및 규제 환경과 ICO/STO 허용 검토 등으로부터 직접적인 혜택을 볼 수 있다. 이는 해당 산업의 성장을 촉진하고 새로운 비즈니스 기회를 창출하는 데 기여할 것이다. 이재명이 내놓은 전략산업 육성 정책은 해당 분야 기업들에 정부 지원, 투자 유치 등에서 유리한 환경을 제공할 수 있다. K-콘텐츠, 미래 모빌리티, 디지털 기술 등의 전략산업으로, 미래 먹거리를 염두에 둔 기획이다.

보수주의자들이 매일같이 걱정하는 대기업은 어떤가. 강화된 기업지배구조 규제나 물적분할 규제 등으로 인해 경영상의 제약을 받을 수 있다. 특히 지배주주의 영향력 행사가 일부 제한될 수 있다. 그런데 그게 국가와 국민에 해를 끼치는 점이 어디에 있는가? 시장 전체의 신뢰도 향상과 안정성 증가는 기업가치 평가(valuation)에 긍정적인 영향을 미다. 또한 이재명이 추구하는 정부의 적극적인 수출 지원 정책은 해외 시장 의존도가 높은 기업들에 도움을 줄 수 있다. 이재명 스스로 기업이 재화와 서비스를 생산하고 판매하는 역할의 중요성을 누구보다 깊이 인지하고 있다.

이재명의 정책은 한마디로 시장의 구조적 개선이다. 규제를 생각하지 않는 정치인은 좌우 통틀어 존재하지 않는다. 그런 정치인이 있다면 그는 정상적인 정치인이 아니다. 그럼에도 불구하고 몇 가지 규제안을 짚어 이재명을 경제적 보수주의자가 아닌 사람으로 만들고 싶다면, 진짜 시장주의가 무엇인지 생각해보자고 제안한다. 작기만 한 정부, 경찰 노릇만 하는 국가는 시장을 키우지 못한다. 그건 시장주의가 아니라 야생주의다.

시장을 키우는 접근이야말로 시장주의다. 시장은 분배가 성장의 토대가 되고 성장이 분배의 자원이 되는, 분배와 성장의 결합을 통해 성장한다. 공리주의자 이재명의 목표는 단순하다. 나

라와 국민이 잘사는 것. 그게 전부다. 덩샤오핑의 유명한 '흑묘백
묘론'이 떠오르지 않나. 검은 고양이든 흰 고양이든 쥐만 잘 잡으
면 된다. 이재명은 결과만 본다.

"안보·경제는 보수, 사회·문화는 진보 정책을 하면 된다."
"김대중·문재인 전 대통령 역시 민주당을 보수 또는 중도·보
수로 언급한 사례가 있다."

이런 이재명의 발언은 그가 어떤 사람인지 보여주는 동시에
당 내외를 논란으로 들끓게 했다. 그러나 적도 아군도 오해하고
있다. 그는 변절자도 아니고 거짓말쟁이도 아니다. 거듭해서 말하
지만 가장 사무적이고 건조한 공리주의자일 뿐이다.

이재명은 결과를 본다. 보수도 결과를 본다. 이제 묻는다. 좋
은 결과를 가져올 가능성을 가장 많이 품은 사람이 누구인가?
이재명이 속한 정당, 그가 사용한 언어, 그가 입고 나온 옷은 이
데올로기의 색을 입고 있었는지도 모른다. 그러나 그의 진짜 마
음은 언제나 대한민국 경제의 지속가능성을 고민해왔다. 이재명
이 시장의 적인가? 아니다. 오히려 그는 시장을 지키려 하는 마지
막 정치인인지도 모른다.

대한민국의 첫 번째 막차:
선진국으로 가는 길

우리가 누리지
못했을 것들,
그 밤 대한민국이
위험했다

거룩하지
못한
계보

chapter

03

국익과 국운을
지키는 사람,
진짜 보수주의자:

테러와 계엄 사이
이재명의 선택

홍대선

위기 재생산 기계,
'자칭 보수'를 파면하자!

대한민국의 첫 번째 막차: 선진국으로 가는 길

나는 박정희의 중화학공업 도전이 없었다면 현재의 대한민국이 있기 어려웠다고 믿는다. 한일기본협정은 비록 우리에게 민족적 굴욕이었을지라도, 우리가 살아갈 밑천을 마련하기 위한 필수불가결한 굴욕이었다. 나는 박정희의 결단이 아니었더라도, 그러니까 비록 지금보다 늦었을 테지만 어쨌든 선진국에 진입했을 거라는 의견에 동의하지 않는다. 한국은 선진국 진입의 '막차'를 아슬아슬하게 탄 나라다.

　1950년대 한국 노동인구의 80% 이상이 농민이었다. 그들

대부분은 가난한 소작농이었다. 이승만 정권이 단행한 농지개혁 이후 자영농이 된 농민은 드디어 잉여생산물로 자녀를 교육시킬 수 있었다. 아들 하나라도 중고등학교를 졸업시키는 시대가 되었다. 그들은 학교라는 공장에서 산업전사가 될 준비를 마친 완제품으로 찍혀 나왔다. 그러나 산업의 규모를 키우지 않으면 그들을 받아낼 '산업 공간'이 생기지 않는다. 양질의 직장이 쏟아져나오지 않는다면 산업전사는 공급과잉 상태가 되어 한정된 농토에 갇히게 될 판이었다. 그 결과는 끔찍할 게 분명했다. 동서고금을 통틀어 전통적인 농경사회는 적장자에게 모든 땅을 물려주는 관습을 유지했다. 자식들에게 땅을 골고루 나눠줄 경우 몇 세대만 지나면 한 가정을 부양할 수 없을 정도로 땅이 쪼그라든다. 후손 모두가 거지꼴을 면치 못하고 가문은 공중 분해된다.

사실 한국의 사정은 굉장히 다급했다. 광복 직후 12세 이상 인구에서 무려 78%였던 문맹률을 4.1%로 떨어트리고 수많은 중고등학교 졸업자를 배출했어도, 젊은이들에게 일자리가 주어지지 않았다면 각자의 가정과 국가 경제를 좀먹는 존재로 빠르게 전락했을 것이다. 무능하다고 일을 못하는 건 아니다. 하지만 일을 하지 않은 채로 시간이 흐르면 정말로 무능해진다. 한국의 산업화는 10년만 늦었어도 영원히 회복할 수 없는 파멸적인 결과를 초래했을 것이다.

혹자는 박정희의 '경제개발 5개년 계획'이 그 직전 장면 정부의 작품이라는 이유로 한국의 산업화에 있어 박정희의 역할을 깎아내리려고 한다. 하지만 계획은 누구나 세울 수 있다. 실행이 어려운 법이며 성공은 더 어렵다. 국민은 장면 정부의 끔찍한 무능과 부패에 질려 경제개발 계획에 힘을 실어주지 않았다. 더군다나 우리는 미국의 원조를 받는 처지였다. 돈의 사용처를 한국이 마음대로 정할 수 없었다. 한국은 가당치 않게도 제1공화국 시절부터 일관되게 선진국 진입을 목표로 삼았다. 하지만 미국을 비롯해 세계 모두가 한국인의 저력을 믿지 않았다. 미국이 생각한 '모범적인 미래의 한국'은 농업으로 먹고 살고 경공업으로 용돈이나 조금 버는 그런 나라였다.

　박정희에게는 중화학공업과 대기업 육성을 위해 한국이 마음대로 쓸 수 있는 돈이 필요했다. 바로 대일청구권자금이다. 지금 돌이켜보면 36년간 일제에 당한 수탈에 대한 보상이라기엔 너무 보잘것없는 액수다. 하지만 정주영이 현대그룹을 일구기 위한 원점으로 자동차 정비센터인 '아도서비스'를 차릴 밑천이 필요했던 것처럼, 지금의 대한민국이 거둔 놀라운 성취를 위해서도 그것이 가능하기 위한 최초의 밑천이 있어야 했다. 박정희가 아니었다면 대한민국은 막차를 놓칠 위험이 높았다.

　나는 지난 10여 년 동안 여러 방송에서는 물론이고 칼럼과

책으로 위와 같은 이야기를 해왔다. 결과는 수많은 공격과 비난, 분노였다. 내 입장과 생각을 지지해준 사람도 있지만, 욕부터 박기 바쁜 사람도 많았다. 한국의 정치 관념은 물과 기름처럼 절반으로 나뉘어 박정희를 둘 중 하나로만 간주한다. 민족사적 영웅이거나, 존재하지 말았어야 할 악마로 말이다. 그러나 인간은 어디까지나 하나의 총합적 인간으로 보아야 역사적 인물과 시대의 상관관계를 이해할 수 있다. 나는 박정희를 비판하지 않는 사람이 아니다. 하지만 사실을 사실대로 인정하지 않는 인물 해석은 해석이 아니라 종교적 의식에 가깝다.

'사실'은 어렵다. 머리로는 이해해도 가슴에서 받아들여지지 않는다. 하지만 기분 나쁘다고 1 더하기 1이 2가 아닌 다른 숫자가 되지는 않는다. 대한민국의 다른 절반에게 또 하나 받아들이기 어려운 사실이 더해졌다. 이재명이 이미 2024년에 국민 모두를 대표해 나라를 한 번 구했다는 '사실'이다.

우리가 누리지 못했을 것들,
그 밤 대한민국이 위험했다

2024년 1월 2일, 이재명 더불어민주당 대표는 부산 강서구 가덕도 신공항 부지를 시찰한 뒤 현장에서 흉기 테러를 당했다. "내가 이재명입니다"라는 문구가 적힌 종이 왕관을 쓴 청년이 사진 촬영을 요구한 뒤, 사인을 받는 척 다가와 그의 목을 찔렀다. 치명적인 순간이었다. 지난 대선 후보이자 한국의 가장 강력한 야당 지도자가 칼날에 목을 정확히 관통당해 쓰러졌다.

칼날은 좌측 경정맥에 밀리미터 단위로 근접했고, 출혈도 컸다. 과장이 아니고 그렇게 목을 찔리고도 살아남을 수 있는 가능성은 정말 낮을 것이다. 하필 가덕도 인근은 의료 소외지역이다. 제대로 된 의료시설도 의료인력도 없었다. 가장 먼저 도착한 '구급차'는 산불 진압용 경형 소방차량이었다. 들것조차 없는 상태에서 이재명은 말 그대로 '죽어가고 있었다'. 그는 두 번째 도착한 진짜 앰뷸런스에 실려 목숨을 잃기 전에 부산대병원에 도착할 수 있었다.

지극히 높은 확률로 성공한 '암살'이 되었을 이 테러는 다행스럽게도 실패했다. 이재명에게는 잔인한 말일 테지만 이는 국가적으로는 커다란 행운이었다. 이재명은 테러 사건에 대해 단순한 정치적 충격을 넘어 또 다른 형태의 위기로 판단했다. 이재명은 수술 직후 대화가 가능한 상태가 되자마자 당직자들에게 다음과 같이 경고했다.

"우리가 생각보다 훨씬 큰 위험 앞에 서 있는지도 모른다."

그는 민주당 지도부와 비공개회의에서 "이 정권(윤석열 정권)이 돌발상황을 구실 삼아 계엄령을 검토할 수 있다"며, 법률적 대응 방안과 계엄 대비 매뉴얼을 마련할 것을 지시했다. 한 민주당 의원은 당시 상황에 대해 이렇게 증언했다.

"이 대표는 테러 직후 바로 '정부가 비상계엄을 선포할 수 있으니, 당이 이에 대비해야 한다'고 말했다. 실제로 당 내부에서 긴급 매뉴얼 작업이 진행됐다."

민주당 전략기획위원회의 증언도 마찬가지다.

"계엄령 가능성에 대비하라는 이 대표의 판단이 아니었다면, 우리는 대응할 준비조차 하지 못했을 것이다. 위기의식이 매우 구체적이었다."

2024년 12월 3일, 그 예측은 현실이 되었다. 대통령은 국가안보 위협을 이유로 비상계엄을 선포했다. 이재명의 지시에 따라 미리 준비되어 있던 민주당은 즉각적인 대응에 들어갔다. 국회

장악을 저지하고, 계엄령의 법률적 근거를 구체적으로 반박하며, 전 세계에 선진국으로 통용되는 한 국가를 구조하는 작업이 실행되었다. 혼란은 있었지만, 무력 충돌은 일어나지 않았고 국민의 기본권이 죽음의 순간에서 기사회생했다.

2024년, 이재명과 민주당은 계엄 사태가 벌어질 가능성을 여러 번 경고했다. 이재명과 민주당은 보수 세력으로부터 '차라리 외계인 침공을 경고하라'며 숱한 조롱의 대상이 되었다. 하지만 죽었어야 할 이재명이 살아돌아와 국가적 위험을 경고한 그 순간들은 앞으로 대한민국의 역사에 오래도록 남을 것이다. 그가 계엄 사태에 대비하고 있었기 때문이다. 이재명의 직관과 결단에 따라 계엄이 순식간에 끝난 탓에, 처음에 시민들은 공포를 느끼는 대신 윤석열과 정권을 우스워했다. 하지만 뒤이어 보도되는 뉴스를 통해 계엄이 얼마나 치밀하고 비열하며 잔인하게 계획되었는지 알고 경악할 수밖에 없었다. 만약 계엄이 성공했다면? 우리는 전혀 다른 나날을 맞이했을 것이다.

언론은 군화발에 떨며 침묵했을 것이다. 계엄사령부는 보도 검열을 실시하며 방송사와 일간지, 온라인 매체의 편집권을 장악했을 것이다. 진보적 성향의 언론인들은 업무에서 배제되거나 조사를 받았을 것이다. 야당은 사실상 해산 상태에 놓였을 것이다. 주요 인사들은 출국금지 되고, 일부는 체포영장이 발부되었을 가능성도 있다. '계엄령 반대'라는 말조차 '국기문란'으로 간주됐을 것이다. 민주주의적 의사 표현은 제약됐을 것이다. SNS와 커뮤니티, 포털은 통제되고, 특정 키워드는 검색 자체가 불가능했을 것이다. 오프라인 시위는 전면 금지되고, 집회 참가자들에게는 계엄법 위반이라는 딱지가 붙었을 것이다. 군 병력이 국회 인근과 광화문 일대에 배치됐을 것이다. 도시 곳곳에서 장갑차가 목격되었을 것이다. 야간 통행금지령이 발효됐을 것이고, 시민들의 밤의 일상까지 철저히 감시받았을 것이다. 정부는 위기상황을 명분 삼아 정기 국회의 개회를 연기했을 가능성이 높다. 임시정부의 형식이 도입되거나, 일부 입법 기능이 군사작전본부로 이관되었을 수도 있다.

계엄은 내란이자 친위쿠데타였다. 따라서 대통령 선거는 무기한 연기됐을 것이다. "국가 안보가 위태로운 상황에서 선거는 곤란하다"는 명분은 낯설지 않다. 우리는 1980년대의 기억을 통해 이미 그 시나리오를 알고 있다. 국민은 분열되고 방황했을 것이다. 침묵과 저항 사이에서, 많은 국민은 선택을 강요받았을 것이다. 무엇보다 '수거 대상'이었던 이재명과 그의 대선 경쟁자들은 국민의 눈앞에서 사라졌을 것이다. 우리는 다시 '과거'로, 아니 과거의 가장 끔찍한 시공간으로 회귀했을 것이다. 겨우 여기까지 온 민주주의의 시간이 단 몇 주 만에 역류했을 것이다.

이상의 말은 결코 과장이 아니다. 다름 아닌 윤석열이 임명한 총리와 장관마저도 같은 생각이었음이 명백히 밝혀졌다. 조태열 외교부 장관은 계엄을 선포하겠다는 윤석열 앞에서 "지난 70년간 대한민국이 쌓은 성취를 무너뜨리는 것"이라며 절규했다. 한덕수 총리는 "경제가 어려워진다. 대외 신인도 하락이 우려된다"고 했다. 그러나 국무위원들의 만류에도 윤석열은 계엄을 발표한다며 자리를 떠났다. 2024년 12월 3일 밤이었다. 24일 오전 1시, 민주당을 중심으로 야당 의원들과 일부 여당 의원들이 모여 '비상계엄 해제 요구안' 의결을 시작, 재적의원 300명 중 재석 190명, 찬성 190명으로 비상계엄 해제를 의결했고, 오전 4시 국무회의에서 국회 의결을 수용, 계엄을 해제하였다. 계엄 발표부터 해제까지 6시간 정도가 걸렸으며, 이는 분명히 이재명의 승리였다.

　　3년간 검찰 조직을 총동원한 잔혹한 수사를 온몸으로 받아낸 사람, 가까스로 죽을 고비를 넘긴 테러에서 세상에 없을 확률로 살아난 사람이 검찰과 군대를 비롯해 무력을 행사할 수 있는 국가기관의 수장인 대통령 윤석열을 상대로 거둔 승리다. 사실상 무적의 존재를 상대로 이긴 것도 대단하지만, 무엇보다 이 승리는 정의에 완전히 부합한다. 1987년 이후의 한국을 지켜냈기 때문이다. 물론 '이재명이 대한민국을 구했다'는 '사실'은 대한민국의 절반을 불편하게 할 것이다. 진보진영에 속해 있으면서 박정희의 공과를 객관적으로 살펴보기를 제안한다는 이유로 내게 날아온 비난의 화살을 생각하면, 그런 사실을 인정하는 것이 얼마나 어려울지 충분히 예상된다. 하지만 이재명을 아무리 싫어해도 어쩔 수 없다. 사실은 사실이다.

이재명은 지옥에서 살아 돌아온 주인공이다. 그는 원래 주인공이 아니었으나 윤석열, 검찰, 국민의힘이 그를 대신해 주인공 서사를 써주었다. 헌법재판소에서 윤석열의 파면이 결정되기 며칠 전 이재명은 2심 법원에서 무죄판결을 받았다. 한 개인을 상대로 사상 유례없는 총력전을 펼친 검찰과의 승부에서 이긴 것이다. 그는 20대 대통령 선거 이후 패배자의 신분으로 무지막지한 탄압을 받았다. 검찰은 단돈 10여만 원의 법인카드 사용내역을 빌미로 김혜경 여사에게 벌금 300만 원을 물리기 위해 130여 차례의 압수수색을 자행했다. 이재명은 내내 피흘리고 있었고, 테러에서 가까스로 살아났고, 이런 정치적, 물리적 탄압과 공격에서 부활해 나라를 구했다. 이 정도 스토리가 현실에서 가능한가 싶을 정도로 완벽한 영웅 서사다.

그렇다면, 아니 그렇다고 꼭 영웅 서사를 갖춘 주인공이 국가를 책임져야 하는 것은 아니다. 대통령 선거를 포함해 '한국 정치'라는 현실은 이재명이 주인공인 책 바깥의 거대한 세계이지 않은가. 이재명이 나라를 구한 건 고마운 일이지만, 고마운 건 고마운 거고 대한민국을 잘 챙길 사람은 따로 있을 수도 있는 거 아닌가. 국민을 위해 다른 사람이 국가의 선장이 돼도 되는 거 아닌가. 당연히 그렇다. 다만, 바로 그렇기 때문에 다른 지도자를 상상하기 어렵다.

거룩하지 못한 계보

우리가 지금껏 '보수'라고 불러온 한 정치 집단은 사실 보수도, 보수주의 비슷한 그 무엇도 아니다. 너무나 당연한 말이지만 대한민국에도 보수의 계보와 역사가 있다. 그런데 어느 순간 보수는 자신들의 역사를 계승하는 데 실패하고 말았다. 그 자리에 들어선 것이 '자칭 보수'다. 대한민국 헌정사에서, 스스로 보수라고 칭한 정권이 두 번 연속 대통령 탄핵을 당했다. 모두 같은 계열의 세력, 같은 기조의 정당에서 배출한 대통령이다. 그 당의 역사를 살펴보자.

1980년대 말, 군사정권의 몰락과 문민정부 수립을 향한 기대 속에서 정계 개편의 큰 파도가 밀려들었다. 그 중심에는 김영삼이 있었다. 1987년 민주화 이후 실시된 대통령 직접선거에서 야권 분열로 인해 노태우가 대통령에 당선된 뒤, 1990년 1월 22일 김영삼의 통일민주당, 김종필의 신민주공화당, 노태우의 민주정의당이 전격 합당했다. 이른바 3당 합당이다.

김영삼은 당시 집권당이던 군부 기반의 민정당과 손을 잡는 선택을 했고, 민주화 운동 세력은 이 결정을 '항복' 혹은 '타협'으로 받아들였다. 하지만 결과적으로 김영삼은 이를 통해 권력을 장악한 뒤, 군부 청산과 문민정부 수립이라는 전략을 완성해 갔다고 평가된다.

3당 합당으로 만들어진 정당이 민주자유당(민자당)이다. 이로써 사실상 보수의 빅텐트가 완성됐고, 김영삼은 1992년 민자당 후보로 대통령에 당선되었다. 그는 '호랑이를 잡기 위해 호랑이굴에 들어간다'고 공언했는데, 정치적 수사이자 핑계로 받아들여졌던 그 말은 김영삼이 실제로 하나회를 숙청하면서 진실이 되었다. 김영삼은 많은 과오를 남겼음에도 평가받아 마땅하다. 그는 민주화의 거목이었고, 군사쿠데타의 가능성을 소멸시켰으며, 금융실명제를 통해 한국이 선진국이 되는 중요한 토대를 마련했다.

1995년 지방선거를 앞두고 김영삼 대통령은 당명을 신한국당으로 변경한다. 이는 민자당 시절의 군부 이미지와 과거 권위주의의 흔적을 지우기 위한 시도였다. 신한국당은 '새로운 보수'

를 표방했지만 실상은 여전히 민자당의 연장선이었다. 김영삼 퇴임이 임박한 시점에서 신한국당은 대선 패배 위기에 직면한다. 이때 이회창을 중심으로 기존 신한국당 세력과 일부 새로운 인사들이 뭉쳐 1997년 한나라당을 창당한다. 이는 곧 보수 정당의 재구성이었고, 이후 대한민국 보수의 중심축으로 자리 잡는다.

현재까지 이어지고 있는 보수 정당의 계보는 다음과 같다.
민주정의당(군부 기반) → 민자당(3당 합당) → 신한국당 → 한나라당 → 새누리당 → 자유한국당 → 국민의힘

생각해보자. 3당 합당과 하나회 숙청, 금융실명제로 현재 국민의힘의 정신적, 물리적 뿌리가 된 김영삼은 민주주의자다. 그런데 정작 자칭 보수 정치세력은 국민과 정의와 헌정 가치를 지킨 적이 있는가? 그들 진영에서 '유일하게' 진정한 대통령이었던 김영삼을 제외하고 말이다. 이명박 대통령은 전임자를 죽음에 몰아넣고 본인은 퇴임 후 감옥에 갔다. 뒤를 이은 박근혜는 국정농단으로 탄핵됐다. 윤석열은 아예 내란을 일으켰다. 그들은 김영삼을 배신했고, 김영삼을 선택하고 지지한 국민을 배신했다. 그들은 일관되게 자신들을 포함한 현재 한국 정치의 근원이 된 1987년 6공화국 헌법의 가치를 배신했다.

그들은 자신들을 보수라 한다. 그러나 실상은 보수의 형식을 빌려 반보수적 목적을 수행해온 반헌정 세력이었다. 이 사실

은 이제 더이상 추측도 과장도 아니다. 법원, 검찰, 언론, 학계, 그리고 거리에 있는 시민들까지도 느낀다. 이들이 저지른 정치적 패악은 보수의 미덕과는 무관하다. 신중함이라고는 찾아볼 수 없었고, 국가 안정을 위한 책임은커녕 정권의 위기를 모면하기 위해 군대를 움직일 준비까지 했다.

이 대목에서 잠시 1997년으로 거슬러 올라가보자.

위기 재생산 기계, '자칭 보수'를 파면하자!

1997년 한나라당 대선 캠프는 북한에 직접 사람을 보내 "군사도발을 해달라"고 청했다. 당시 국가안전기획부의 수사에 따르면 당의 고위 관계자들이 직접 개입한 것으로 확인되었고, 재판 결과 실형이 선고됐다. 북한이 총을 쏘면 보수표가 결집할 것이라는 계산 아래 그들은 선거에서 이기기 위해 안보를 거래했다. 정권 획득을 위해 국민의 생명을 팔아버린 것이다. 그 총에 누가 죽거나 다치기라도 했다면? 우리가 역사에서 확인할 수 있는 건 어떤 일이든 계획한 대로만 흘러가지 않는다는 것이다. 한나라당이 원한 건 소소한 국지적 충돌이었지만 그 충돌이 자칫 더 큰 전투로, 심지어 전쟁으로 확대될 수 있었다. '군사도발'을 부탁한 자들은 아무런 거리낌이 없었다. 이들은 보수의 근원적 가치인 국민의 생명과 재산을 팔아넘긴 자들이다. 보수라는 단어를 훔친 도둑이다. '총풍'으로 자칭 보수의 바닥이 드러난 후부터 현재까지 그들은 언제나 도둑이었다. 김영삼 이후 명목상 보수 정치세력은 보수적 가치를 포함해 어떤 비전이나 가치를 지녔던 적이 없다.

총풍은 단발적 음모가 아니었다. 2002년 대선에서는 '북풍'이라는 이름으로 비슷한 정서적 동원이 재현됐다. 그리고 그 모든 구시대적 망령이 다시 고개를 든 게 2024년 윤석열 정권에서였다. 2024년 말, 윤석열 대통령이 정치적 위기에 몰리자 국정원 출신 고위 인사들과 일부 군 관계자들은 계엄령을 검토했다. 그 문서에는 헌법기관의 정지 절차, 국회 무력화 시나리오, 언론 통제와 SNS 차단 계획이 담겨 있었다. 하지만 더 충격적인 내용은 따로 있었다. 북한의 군사도발을 유도하려 했다는 의혹이다. NLL 인근에 군용 헬기를 의도적으로 띄우고 북한의 반응을 끌어내고 그걸 계엄의 명분으로 삼겠다는 계획이 포착되었다. 이후 진위를 확인해야 하겠지만 평양에 무인비행기가 나타나 전단지를 살포한 사건도 있었다. 1997년의 총풍이 2024년 한층 정밀하고 더 위험한 형태로 부활한 것이다.

그런 점에서 한국의 보수 빅텐트는 보수가 아니다. 총풍 사건 이후 그들의 본질은 한 번도 바뀐 적이 없다. 쓸모없음과 사악함이다. 정권을 유지하기 위해 군대의 총구를 돌리고, 북한을 자극하려 하며, 국민의 생명과 안전을 정치 소품으로 쓰려는 자들이 어떻게 보수인가. 심지어 총풍처럼 북한 측과 거래를 시도했다는 의혹까지 있다. 이쯤 되면 국민의힘은 정당이라기보다 '위기 재생산 기계'라 할 수 있다. 정치는 실패할 수 있다. 그러나 실패를 반복하면 안 된다. 더 나아가 반복적으로 실패를 의도하면, 그것도 국가적 실패를 의도하는 자들이 있다면 일체의 과장 없이 문자 그대로 '국가의 적'이라 할 수 있다. 그들이 흔히 상대를 공격하는 말을 정확히 그들에게 돌려주면 '반국가 세력'이다.

　보수라는 간판 아래 숨어있던 폭력적 반국가 세력은 이재명을 적이자 먹잇감으로 삼아 죽음 직전까지 가해했다. 다시 말하지만 단지 피해를 입었다는 이유로 이재명이 대통령이 되어야 하는 것은 아니다. 다만 그렇다면 대한민국이 과연 누구를 선택할 수 있냐고 묻고 싶다. 이재명의 경쟁자들 면면을 보자. 그들은 기본적으로 윤석열을 조력하고 방조하고 그에게 굴종한 자들이다. 윤석열의 대통령 당선에 가장 큰 영향을 끼쳤으면서 내란 사태에 부끄러워하지 않는, 그러면서 최초로 탄핵당한 대통령인 박근혜에게 발탁되어 정치에 입문한 사람. 윤석열의 당선에 기꺼이 협력한 유력 정치인들. 두어 명을 빼면 내란 수괴에게 적극적으로 굴종한 국민의힘 전체. 수괴처럼 반국가적인 뉴라이트이면서 감히 신성한 대한민국의 선장이 되겠다고 나선 자. 수괴의 20년 지기 부하직원이었다는 이유로 장관 자리를 꿰찼던 사람….

대한민국은 이제 한 번 더 이런 자들에게 국가를 맡길 수 없다. 그런 한가한 시절을 보낼 여유가 없다. 그러면 나라가 망한다. 그들의 역사가 이미 여러 차례 그것을 증명했다. 현재 대한민국은 저출산, 자영업 붕괴, 경제위기, 안보위기 등 국가의 지속가능성을 시험당하고 있다. 2025년 4월에 2,300만 구독자를 보유한 독일의 한 유튜브 채널이 "South Korea is over(한국은 끝났다)"라는 제목의 영상을 올렸다. 공포스럽지만 영상의 내용은 하나같이 논리적이고 명확한 근거를 제시하고 있어서 반박하기 힘들다. 내용을 한 마디로 축약하면 한국의 파멸은 시간문제일 뿐 이미 정해져 있다는 것이다. 하지만 남들이 '이제 너희는 끝났다'고 할 때 '그래, 그 말이 맞다'며 가만히 앉아 끝을 기다릴 수는 없는 노릇이다. 우리에게 아직 막차가 한 대 남았다고 믿는 수밖에 없다. 우리는 천만다행히도 윤석열 정권을 조기 퇴진시키고 버스 정류장에 서 있다. 그 정류장의 이름은 '국운'이다. 이제 대한민국이 두 번째 막차를 탈 시간이다.

3.1운동은
건국운동이었다

뉴라이트라는
가짜 보수:
이승만도 박정희도 갖다버리기

chapter
04

우리 스스로
나라를
세운 것이
중요하다

누가
이승만과 박정희를
배신했는가:

뉴라이트와 국힘이 모르는
보수의 가치

홍대선

이승만은 마지막 순간에
자신의 잘못을 인정했다

박정희의 실용적 국익주의를
기억하자

3.1운동은 건국운동이었다

1987년, 대한민국은 군부독재를 종식시키고 민주공화국으로 거듭났다. 이른바 '87년 체제'는 국가의 주인이 국민이라는 헌법적 진실이 마침내 일상 정치에 구현된 것이었다. 그러나 2024년 말부터 지금에 이르기까지 우리는 그 체제가 송두리째 흔들리는 사태를 목도하고 있다. 윤석열 정부는 내란 이전에 이미 통치 전반에서 대한민국의 뿌리를 부정했고, 국민의힘은 사실상 뉴라이트의 정치철학에 잠식되었다. 2023년부터 현직 대통령이 대형 일간지, 특히 대선 후보 시절부터 자신의 든든한 우군이던 조선

일보조차 읽지 않는다는 소문이 나오기 시작했다. 대통령이 몇 개의 '극우 뉴라이트' 유튜브 채널만 탐식한다는 초현실적인 이야기도 세간에 기정사실로 받아들여졌다. 특정 유튜버의 황당한 주장을 대통령이 며칠 간격으로 그대로 읊조리는 일이 반복되었기 때문이다.

여기서 먼저 흔히 사용되는 '극우 뉴라이트'란 말부터 살펴보자. 사람들은 이 둘을 같은 개념으로 놓고 사용하는데 극우도 싫기는 마찬가지지만, 극우와 뉴라이트는 전혀 다른 개념이어서 '극우'에 미안해질 정도다. 극우가 잘 처리해서 먹으면 그나마 먹을 수 있는 복어처럼 독이 있는 먹거리라면, 뉴라이트는 그냥 독 그 자체다. 이들은 '보수'라는 이름을 참칭하지만 그 실체는 오히려 '반보수'이며, 보다 구체적이고 실체에 부합하는 말로 부르면 '반역자'들이다.

보수란 근본을 따르는 것이다. 한국의 정통 보수가 실용주의에 입각했던 이유가 여기에 있다. 적어도 한국에서 보수는 국민의 먹고 사는 문제 해결을 가장 중요한 목표로 삼았으며, 근본을 세우고 지키는 일에 진심이었다. 그러나 뉴라이트는 대한민국이라는 국가의 역사적 뿌리를 부정한다. 그들은 대한민국을 1948년 8월 15일에 '창조'된 국가로 설정하며, 그 이전의 3.1운동, 임시정부, 제헌헌법을 모두 '참고사항'으로 전락시킨다. 이들은 이승만과 박정희를 숭배한다고 말하지만, 정작 두 사람의 정치적 태도와 역사관에는 무지하거나 무관심하다. 이승만과 박정희는 지금의 뉴라이트가 가장 먼저 배신한 인물들이다.

그들에게 대한민국, 아니 '자유대한'은 미국과 이승만이 만들어준 선물이다. 더군다나 그들은 대한민국의 성공에 일제의 도움이 있었다고 말한다. 한국인은 스스로 해낼 만한 역량이 없다고 믿기 때문이다. 그러나 대한민국은 단순히 '정부'가 출범하면서 생겨난 국가가 아니다. 대한민국에는 근본이 있다.

대한민국에는 일제강점기와 관련한 국경일이 둘 있다. 삼일절과 광복절이다. 뉴라이트는 어째서 광복절은 기념하면서 마땅히 기념해야 할 건국절은 없느냐는 논리를 펼친다. 그러나 제헌헌법 전문에 따르면 '대한국민'이 먼저 존재했고, 그들이 '대한민국'을 만들었다.

한국인은 보통 삼일만세운동을 아름다웠지만 실패한 독립운동으로 기억한다. 그러나 독립운동은 삼일운동의 정체성 중 절반일 뿐이다. 나머지 절반의 정체성은 건국혁명이다. 삼일운동은 앞으로 독립할 조국이 민주공화국이 되기로 결정한 사건이다. 한국인은 삼일운동에 감탄할 때 시위의 규모에만 감격하는 경향이 있다. 전국을 뒤덮은 "대한독립만세"의 물결이 외국의 다른 식민지 해방운동에 영향을 주었다고 믿는 식이다. 물론 운동의 영향력이 컸던 건 사실이다. 그러나 규모보다 중요한 것은 삼일운동의 완성도다.

　한국인은 만세운동을 항일투쟁으로 기억한다. 일본인은 폭동이나 소요사태로 해석한다. 양쪽의 관점은 완전히 같다. 피해자의 저항은 지배자에게는 소동이다. 그러나 삼일운동의 본질은 저항이 아니라 기미독립선언의 정당성을 민중의 동의를 얻어 완성하는 것이었다. 해방 후 한국의 정치체제가 민주공화정이 되어야 함을 정당한 방식으로 정해둔 선언이었다. 또한 한국인은 삼일만세운동을 통해 따라야 할 모델을 '중화'에서 '미국식 민주공화국'으로 바꾸는 선택을 했다.

　삼일운동의 결과 독립운동가들은 1919년 4월 중국 상하이에서 민주공화국을 선포했다. 같은 해 9월 11일 이승만이 독립운동 동지들에 의해 임시정부 초대 대통령으로 추대되었다. 이 과정에서 여러 조직들이 상해임시정부로 통합되었다. 조직들이 통합되면서 대한국민의회, 조선민국, 고려, 신한민국, 대조선공화국과 같은 다양한 국호는 대한민국으로 통일되었다. 이 중 어떤 국호도 민주주의와 공화국의 정체성을 배신하지 않는다.

　삼일운동은 단기적으로 실패한 독립운동이자 장기적으로 성공한 건국혁명이다. 하나의 운동이므로 이 두 요소는 뗄 수 없는 관계에 있다. 그러므로 대한민국은 '독립운동에 의해 만들어진 나라'다. 뉴라이트가 존경해마지 않는 이승만은 대한민국 초대 정부가 수립된 1948년을 '건국 30년', 혹은 '민국 30년'으로 불렀다. 뉴라이트의 또 다른 숭배 대상인 박정희 역시도 대한민국 원년을 1919년으로 삼았다. 이승만과 박정희의 정치적 성향과는 상관없다. 당대인들이라면 모두가 공유하는 상식이었다.

뉴라이트라는 가짜 보수: 이승만도 박정희도 갖다버리기

어느 국가이든 건국(절)을 기념하는 것은 지극히 당연하다. 우리 역시 이미 건국을 기념하며 산다. 삼일절이 곧 건국절이기 때문이다. 건국절이 따로 있어야 하는지에 관한 논란이 최근에 불거진 이유는 무엇일까. 거꾸로 물어보면 답이 나온다. 왜 오랫동안, 21세기가 시작되고 나서도 한동안 건국절 논란이 없었을까. 없어도 아무런 문제가 없어서였다. 광복(光復)이란 빛을 되찾았다는 뜻이다. 그 빛은 당연히 대한민국이라는 국가다. 3월 1일에 세운 나라가 8월 15일에 되돌아왔으니, 당연히 한국은 두 날을 기념한다. 건국과 독립에 관한 한 다른 기념일이 끼어들 틈은 없다. 1948년 7월 17일 공포된 제헌헌법 전문에 이러한 상식이 잘 표현되어 있다.

"유구한 역사와 전통에 빛나는 우리들 대한국민은 기미삼일
운동으로 대한민국을 건립하여 세계에 선포한 위대한 독립
정신을 계승하여 이제 민주독립국가를 재건함에 있어서 정의
인도와 동포애로써 민족의 단결을 공고히 하며, 모든 사회적
폐습을 타파하고 민주주의제도를 수립하여 정치, 경제, 사회,
문화의 모든 영역에 있어서 각인의 기회를 균등히 하고 능력
을 최고도로 발휘케 하며 각인의 책임과 의무를 완수케 하여
안으로는 국민생활의 균등한 향상을 기하고, 밖으로는 항구
적인 국제평화의 유지에 노력하여 우리들과 우리들의 자손의
안전과 자유와 행복을 영원히 확보할 것을 결의하고 우리들
의 정당 또 자유로이 선거된 대표로서 구성된 국회에서 단기
4281년 7월 12일 이 헌법을 제정한다."

이승만은 "우리들 대한국민은 기미삼일운동으로 대한민국
을 건립하여"라는 진술을 진심으로 믿었다. 그는 1948년 9월 22
일, '법률 제3호 반민족행위처벌법'을 공포하며 "대한민국 30년
9월 22일"이라 연호했다. 그는 대한민국의 시작을 1919년으로
본 것이다.

그런데 지금 뉴라이트는 '건국절'을 1948년 8월 15일로 새로 세우려 한다. 이유는 단 하나, 그날 이승만이 정부수립을 선포했기 때문이다. 하지만 이승만을 남한 단독정부의 초대 대통령으로 만든 가장 중요한 경력은 바로 '임시정부 대통령'이었다. 그를 '국부'라 부르려면 그의 경력과 신념을 먼저 제대로 인정해야 한다. 그런 점에서 뉴라이트는 이승만을 존경하지 않는다. 뉴라이트가 숭배하는 대상은 자신들이 꾸며낸 '가상의 이승만'이다.

박정희는 한국 산업화를 이끈 대통령으로 평가되지만 그 이전에 그는 민족주의자였다. 만주군 장교였던 사실은 그 자신에게 부끄러운 일이 아닐 수 없다. 하지만 적어도 국가지도자로서의 박정희는 강력한 민족주의자였다. 박정희 정권이 새마을운동 다음으로 많이 보급한 〈국민교육헌장〉을 관통하는 하나의 관념이 있다면 '민족 중흥'이다.

"우리는 민족 중흥의 역사적 사명을 띠고 이 땅에 태어났다."

박정희는 임진왜란 때 일본군을 쳐부순 이순신 장군을 민족의 성웅으로 모시고, 그의 사당인 현충사를 성역화했다. 또한 일제 강점기 동안 총독부와 일본국에 대해 강력하게 맞서 투쟁했던 김구와 안중근을 추앙했다. 박정희는 안중근 의사 기념사업에 직접 참여하며 "민족정기의 전당"이라는 휘호를 남기기도 했다. 그가 남긴 마지막 휘호다. 혹자는 이렇게 외칠 것이다.

"박정희는 만주군 출신인데, 그가 민족의 영웅들을 추켜세운 건 거짓이 아니었겠는가?"

많이 양보해 이런 볼멘소리가 사실이라고 치자. 그러나 적어도 박정희가 '제대로 된 국가라면 외세에 저항한 민족 투사들을 잘 모실 줄 아는 국가라고 믿었다'는 것까지는 인정해야 한다. 진심이건 위선이건 거짓 연출이건 박정희는 '민족의 영웅들'에 마땅한 자리를 내주어야 한다고 생각했다. 그는 자신의 개인적 경력과 상관없이 항일 투쟁의 역사에 고개를 숙이지 않고는 국가가 바로 설 수 없다고 믿었다.

그렇다면 오늘날 박정희를 가장 크게 떠받드는 뉴라이트는 어째서 이승만에 이어 박정희까지도 배신하는가?

우리 스스로 나라를 세운 것이 중요하다

한국인은 의심이 많다. 대한민국이 한국인 스스로 세운 나라라는 건 어디까지나 원리적인 차원에서가 아닐까? 삼일운동을 무시하는 건 아니다. 삼일운동에 참 고맙긴 하다. 우리가 대한민국의 정통성과 근본을 나중에라도 주장할 수 있게 해주어서 참 다행이지 않은가. 그마저 없었다면 모양새가 너무 빠질 뻔했다고 생각한다. 뉴라이트는 역설적이게도 세상이 기대만큼 만족스러울리 없다고 믿는 한국인의 현실적 균형감각에 기생한다.

현재의 대한민국은 정신적인 차원에서뿐 아니라 현실적인 차원에서도 '정말로' 삼일운동에 의해 세워진 나라다. 국가는 원래 선언에 의해 탄생하기 때문이다. 뉴라이트가 가장 숭배하는 국가인 미국을 보자. 1776년 7월 4일, 영국의 식민지였던 미국의 13개 주 대표단이 필라델피아에 모였다. 대표단은 이날 독립선언문을 발표했다. 그들은 훗날 미국인에게 '건국의 아버지들'로 불리게 된다. 미국은 7월 4일을 독립기념일(Independence Day)로 기린다.

삼일절은 진정한 건국절이자 독립일이 아니라고 주장하는 이들에게는 매우 이상한 일이다. 왜냐하면 미국 독립전쟁이 끝나고 영국이 '파리 조약'을 통해 미국을 공식적으로 포기한 날은 7년도 더 지난 1783년 9월 3일이기 때문이다. 영국은 미국이 독립을 선언했다는 이유로 순순히 식민지를 잃어줄 마음이 없었다. 그래서 미국 독립전쟁이 끝나고 실제로 미국이 독립을 쟁취하는 데에 7년이라는 시간이 필요했다(우리는 1919년 3.1운동부터 계산해 26년이 걸렸다). 마찬가지로 일제 역시 독립을 선언하고 그것을 행동으로 옮기는 조선인들을 탄압하는 데 최선을 다했다. 그러나 결국 영국과 일본 모두 각자의 식민지의 독립을 막을 수 없었다.

우리는 미국 덕에 독립을 거저 선물받았고, 미국은 스스로 독립을 쟁취하지 않았느냐고 성을 내는 이들도 있겠다. 하지만 애초에 나라를 세웠다는 게 중요하다. 세운 나라를 되찾았든, 누가 되찾아주든 먼저 국가가 선언되었다는 점이 이야기의 핵심이다. 식민지 주민에게 '독립 선언'과 '건국 선언'은 동의어라는, 너무나 당연한 상식도 이쯤에서 덧붙인다.

한국과 미국은 동일한 건국 원리를 공유한다. 그런데 건국의 정당성에 있어서는 대한민국이 미합중국을 압도한다. 필라델피아에 모여 독립을 결의한 미국 건국의 아버지는 200명도 안 되는 숫자였다. 그들은 실시간으로 민중의 뜻을 모으지 않았고 그럴 방법도 없었다. 당시 가장 세련된 통신기술은 말을 탄 포스트맨(우체부)이었다. 미국은 독립전쟁이 끝날 때까지 독립에 반대하는 미국인들에 골머리를 썩었다. 미국 건국의 아버지들 중 가장 중요한 인물이자, 미국 초대 대통령인 조지 워싱턴의 직속 병사들조차 7월 4일에 무슨 일이 벌어졌는지 몰랐다. 당시엔 CNN 뉴스 속보가 없었다. 뉴스의 속도는 말이 달리는 속도와 같았다. 워싱턴의 휘하 병사들은 한참이 지나서야 자신들이 5일 전부터 영국인이 아니라는 '사실'을 전해 들었다.

대한민국의 독립 및 건국 선언은 미국과 비교할 수 없을 정도로 확고한 정당성을 지닌다. 전국의 민중이 들고 일어나 '대한독립만세'를 외쳤기 때문이다. 민족 대표 33인은 스스로 체포되는 길을 택했다. 치사하지만 굳이 비교하면, 영국의 총칼로부터 안전한 곳에 모여 독립선언문을 채택한 미국 건국의 아버지들보다 훨씬 용감한 행위였다. 지금의 종로구 인사동에 있던 태화관에서 기미독립선언서를 발표했는데, 백주대낮에 일제의 식민통치를 부정했으니 잡혀 들어가는 건 당연지사였다. 대한민국의 건국은 체포를 각오하고 공공연하게 독립선언을 발표한 민족 대표의 '제안'을 전국의 민중이 만세운동으로 '승인'하면서 '선언'되었다. 대한민국의 건국처럼 완성도가 높은 사례는 찾아보기 힘들다.

한국에서 가장 친미적인 집단을 꼽으라면 두말할 나위도 없이 뉴라이트다. 그들은 미국을 숭배하기까지 하는데 왜 (미국식) 민주공화국의 탄생을 가져온 3.1운동의 가치를 무시하는지 도무지 그 이유를 알 수 없다. 물론 누군가는 또 이런 생각을 해볼 수도 있을 것이다. 한국과 미국이 예외고 특수한 경우라는 상상 말이다. 그렇지 않다. 국가는 '원래' 선언으로 탄생한다. 외세의 통치를 받았던 국가들의 다수는 독립이나 건국, 혹은 독립 겸 건국을 선언한 날을 기념한다. 수십 개 국가를 모두 열거할 수 없는 일이니, 일단 스페인의 통치를 받았던 국가들만 예로 들어보면 네덜란드, 필리핀, 포르투갈은 모두 독립을 '선언'이나 '결의'한 날을 독립기념일(네덜란드의 경우는 건국일)로 삼는다. 선언=말이 곧 독립운동=행동이며 이를 통해 독립/건국이 구체적인 모습으로 가능해졌기 때문이다.

지금 국민의힘은 스스로를 이승만과 박정희의 후예라고 칭한다. 그러나 그들이 추종하는 대상은 이승만의 제헌정신도, 박정희의 민족주의도 아니다. 그들은 오히려 뉴라이트가 편의적으로 구성한 허위의 초상을 숭배한다. 마치 조지 오웰의 소설 《1984》에 나오는 '빅 브라더'처럼 살아있는 신화를 만들어 권력의 정당성을 포장할 뿐이다. 윤석열은 뉴라이트 대통령이다. 그런 대통령이 내란을 일으킨 피의자가 되어 헌법재판소에 섰는데도, 국민의힘은 그를 공개적으로 결사 옹위했다. 윤석열 정권은 2024년 9월 공개적으로 뉴라이트임이 밝혀진 인사들을 무려 15명이나 정부에 포함시켰다. 국민의힘의 대권 도전자 중 하나인 김문수도, 통일부장관 김영호도 자신의 사상을 숨기지 않는 뉴라이트다.

뉴라이트는 반역이다. 윤석열 정권과 국민의힘은 반역 집단이다.

이승만은 마지막 순간에
자신의 잘못을 인정했다

국민의 힘이 보수가 아니라면 누가 보수일까? 오히려 민주당이 제헌헌법의 기본정신—인민주권, 평등, 독립, 민족의 자주—을 더 일관되게 실현하고자 노력해왔다. 국민의 자유와 민주주의, 진보적 의제 설정이라는 가치투쟁은 민주당의 소임이었다. 이제 2020년대 민주당은 이승만의 독립운동을 계승하고 박정희의 개발국가 체제를 진화시켜 대한민국을 이재명이 주장하는 '기본사회'로 전환하려는 노력을 보여주고 있다.

이재명이 이야기하는 기본소득과 공공의료, 재난지원금은 박정희가 꿈꾸던 전국민 의료보험, 새마을운동의 현대적 재해석에 가깝다. '성장이 있어야 분배가 가능하다'는 말은 이재명과 박정희가 공유하는 가치다. 보수의 본령이 어느 정당에서 실현되고 있는지 보라. "성장의 보수, 분배의 진보"라는 등식은 이미 깨졌다. 보수라고 부르기 어려울 정도로 부패한 내란 옹호 반헌정 세력인 국힘과 보수와 진보 모두의 역할을 수행해야 하는 상대편 민주당이 있을 뿐이다.

이승만과 박정희를 신격화한 집단이 그들을 가장 비열하게 배신하고 있다는 역사의 아이러니는 너무도 뚜렷하다. 보수는 원래 경박하지 않았다. 국가를 장난처럼 다루지 않았고, 과거를 조작하지 않았다. 이제 우리는 질문해야 한다. "이승만과 박정희는 뉴라이트에 동의할 것인가?" "윤석열 정권을 보며 고개를 끄덕일 것인가?" 대답은 너무나 분명하다. 아니다. 더 나아가 윤석열 정권에 협력하고 굴종하며, 내란의 사악함에 고개를 돌리고 국민을 배신한 자들에 대해서도 마찬가지다. 이승만과 박정희는 그들을 결코 용서치 않을 것이다.

우리는 이승만이 1919년을 국가 원년으로 규정하며 지키려 했던 헌정가치를 따라야 한다. 물론 그는 연임을 거듭하는 과정에서 스스로 헌정가치를 배신한 끝에 4.19 혁명으로 권좌에서 물러났다. 하지만 나는 이전의 글과 방송에서 여러 번 밝혔듯이, 이승만이 자신에 반대하다가 다친 학생들을 위로하고 하야를 결단한 품위에 대해서도 생각해봐야 한다고 이 자리에서 다시 한 번 주장한다. 내란에 실패하고서도 일부 국민을 선동하고 거짓을 일삼으면서, 대한민국을 통째로 똥통에 처넣고 국익을 저해하고서라도 살아남으려 안간힘을 쓰는 윤석열과는 격이 달라도 너무 다르다.

적어도 이승만은 자신의 잘못을 인정하고 스스로 물러날 줄 알았다는 점에서 윤석열 무리를 비롯해 그들을 추앙하는 뉴라이트 세력과는 차원이 다른 수준의 인물이다. 뉴라이트 대통령을 배출한 것으로도 모자라, 대통령 탄핵 후 다시 대선 후보에 뉴라이트 지지자가 나서고 있는 정당에 이승만과 비슷한 수준이 있을 리 없다. 이승만은 근본이 있었다. 국민의힘이 민족을 배신한 탓에 민주당이 그들을 대신해 어쩔 수 없이 강조하는 민족주의와 독립운동 정신이 바로 그 근본이다.

박정희의 실용적 국익주의를 기억하자

민족자강론자인 박정희는 김구와 안중근으로 대표되는 민족주의를 중심에 놓았지만, 국민이 먹고 살기 위해서라면 이념과 피아를 가리지 않았다. 박정희를 보수주의자라고 한다면 그의 보수주의는 실용적 국익주의다. 그는 미국이라면 껌벅 죽는 한국의 자칭 보수세력과는 반대로 미국과의 마찰을 두려워하지 않았다. 박정희는 반공뿐 아니라 반일 민족주의도 국시로 삼았던 지도자지만, 산업화의 밑천을 마련하기 위해 굴욕적인 한일기본협정을 감내했다. 그는 민족의 생존을 위한 실용주의자였다. 새마을운동, 중화학공업 육성, 국민의료보험, 국토개발계획 등 박정희의 모든 정책은 '국가란 무엇인가'에 대한 자기 나름의 분명한 대답이었다. 국가는 근본을 지키되 국민을 먹여 살리는 구조여야 한다는 것이다. 이를 두 단어로 표현한다면 박정희에게 있어 국가란 '생존'과 '자립'이었다.

김구 선생과 안중근 의사 등 독립/건국운동의 선열들 앞에 숙연히 고개를 숙일 줄 알고, 현행 헌법에 명시된 제헌헌법의 가치와 헌정질서를 지키며, 대한민국의 경제와 안보를 파멸에서 건져낼 이가 있다면 그가 진짜 보수일 것이다. 이 시점 대한민국에서 그러한 기준에 적합한 보수는 바로 이재명이다. 거기에 더해 그는 박정희의 실용주의적 민족자강론을 계승하고 있는 유일한 인물이다.

이재명은 민주화만을 인정하고 산업화를 무시하지 않는다. 그 반대도 마찬가지다. 그는 민주화와 산업화 모두를 인정한다. 그는 '산업화 30년'과 '민주화 30년'을 모두 인정한 채로 그 토대 위에서 다가올 '기본사회 30년'을 말한다. 반대편에서는 대책 없는 사회주의자의 퍼주기 포퓰리즘이라고 목청 높여 매도하지만, 정작 그 내용에 대해서는 말하지 않는다. 정작 기본사회의 목표는 '국민이 기본적으로 잘 사는 사회'라는 지극히 당연한 내용이기 때문이다. 현재 한국이 간신히 선진국 문턱을 넘은 나라라면 앞으로는 선진국에서 탈락할 수 없는 국가가 되자는 목표다.

이재명은 한국 좌우의 역사를 모두 미래의 토대로 삼으려고 한다. 그러므로 민주당 정치인이라는 이유로 박정희를 비난하지 않는다. 오히려 반대에 가깝다. 그는 박정희의 강력한 추진력과 국가 주도 산업화 전략을 긍정적으로 평가한다. 그는 반대편이 모욕하는 내용대로 2025년 들어 갑자기 '성장'을 말하기 시작한 거짓말쟁이가 아니다. 이재명은 이미 2021년에 20대 대선을 위한 공약에서 박정희를 인정하고 당당히 계승할 역사의 주인공으로 호명한 바 있다. 박정희에게 잘못도 많지만 그의 공로도 인정해야 한다는 것이다. 당시 이재명은 '박정희로부터 이어져 내려온 국가 주도의 과학기술 육성'을 긍정하고 그 역사적 흐름을 계승해야 한다고 천명했다. 그는 4년 후 출간한 저서 《결국 국민이 합니다》에서 또 한 번 강조해 말한다.

"더 나은 삶과 더 나은 미래 앞에는 여도 야도, 진보도 보수도 없다."

이재명을 지지할지 반대할지는 각자의 마음이고 선택이다. 다만 국민의힘과 검찰, 보수 언론, 뉴라이트, 극우 유튜버 들이 만들어낸 '가상의 이재명'에 휘둘려 잘 모르는 채 반대하는 일은 서글픈 광대극이다. 반대할 거면 사리에 맞게 해야 반대해야 한다. '대한민국의 정통 보수주의를 무비판적으로 계승한다'는 이유로 말이다. 그게 보수주의자 이재명에게 합당한 응답일 것이다.

'바이든 패싱'하고
계엄령 선포한 윤석열

워싱턴의 격노와
'윤석열' 손절

chapter
05

'불량' 대통령:
명백한
외교적 파면

워싱턴은 헌재보다
빨리 윤석열을
'탄핵'했다:

이재명 대 트럼프,
흥미진진한 대진표

박형주

'저자세 외교' 이은
대미 '포복 외교' 불가피

트럼프 시대 워싱턴을 상대할
최적의 카드

'바이든 패싱'하고 계엄령 선포한 윤석열

역사에 가정은 없다. 그러나 때로는 가정이 필요할 때가 있다. 보다 정확한 현실 진단을 위해서다. 지난해 12월 3일, 윤석열 전 대통령의 계엄 내란이 성공했다면? 그리고 1월 20일, 미국 대통령으로 트럼프가 아닌 바이든의 계승자 해리스가 취임했다면? 그랬다면 지금 한국은 어디로 향하고 있을까? 한미관계는 어떻게 변했을까? 단언컨대 최악이었을 것이다. '관세 폭탄'으로 세계를 뒤흔든 트럼프를 보고도 그런 얘기를 하느냐고? 물론이다.

기억하고 싶지 않지만 '계엄의 밤'으로 돌아가보자. 당시 윤석열 대통령은 비상계엄 선포 계획을 미국에 사전 통보하지 않았다. 계엄령 직후, 조태열 외교부 장관도 필립 골드버그 주한 미국 대사의 전화를 받지 않았다. 한국 대통령이 비상계엄이라는 통치행위를 결정하는 데 있어, 미국에 미리 알리지 않은 것이 그리 큰 문제인가?

헌법상 비상계엄 선포 요건은 다음과 같다. "전시·사변 또는 이에 준하는 국가 비상사태로, 적과 교전 상태에 있거나 사회질서가 극도로 혼란할 때." 이 조항에 따라 비상사태가 선포되면, 우리 군의 준비태세에도 변화가 생긴다. 데프콘(DEFCON)이 4단계에서 3단계로 격상된다. 데프콘 Ⅲ가 발령되면 한미연합군에 대한 작전통제권이 미군 대장인 한미연합사령관에게 넘어간다. 또한 한국에는 주한미군 2만 8,500명과 그 가족들이 살고 있다. 비상계엄이 선포될 정도의 유사 상황은 이들의 안위에도 직접적인 영향을 미친다. 따라서 한국 대통령이 비상계엄 선포가 불가피하다고 판단했다면, 한반도 안보의 한 축을 담당하는 유일한 동맹 미국에 사전 통보하는 것은 당연한 수순일 수밖에 없다. 그러나 윤석열은 바이든을 패싱했다.

워싱턴의 격노와 '윤석열' 손절

미국 대통령은 '대통령 일일 보고(PDB: President's Daily Brief)'를 읽으며 하루를 시작한다. 대통령 일일 보고는 중앙정보국(CIA)을 포함한 16개 정보기관이 수집한 주요 국제 정세와 안보 위협 등의 내용을 1~2장 분량으로 요약한 보고서다. 북한의 핵실험은 물론 한국 대통령의 비상계엄 선포 같은 사안은 당연히 포함된다. 그러나 12월 3일자 PDB에는 한국 정부의 비상계엄 선포 내용이 빠져 있었을 가능성이 크다. 이에 바이든은 '격노'했다. 분노를 숨기지 않았다. '그들 방식'으로 분명히 드러냈다. 그러나 안타깝게도 당시 그 맥락을 제대로 짚어내는 한국 언론들은 한 곳도 없었다. 그때 놓쳤던 워싱턴의 행간을 다시 읽어볼 필요가 있다.

계엄 선포 직후, 백악관 국가안보회의(NSC)는 대변인 명의로 '언론 논평' 형식의 입장을 냈다. 세 문장이 전부였다.

> "(미국) 행정부는 한국 정부와 연락을 취하고 있으며, 사태에 대해 더 파악해 나가면서 상황을 긴밀히 모니터링하고 있다. 미국은 이 발표(비상계엄 선포)를 사전에 통지받지 못했다. 우리는 한국에서 우리가 목도하고 있는 상황 전개에 대해 심각하게 우려한다."

"The Administration is in contact with the ROK government and is monitoring the situation closely as we work to learn more. The U.S. was not notified in advance of this announcement. We are seriously concerned by the developments we are seeing on the ground in the ROK."

첫 논평에는 '계엄(martial law)'이라는 표현이 없었다. 그냥 '이 발표(this announcement)'라고만 했다. 한국에서 도대체 무슨 일이 벌어졌는지 정확히 파악하지 못한 상태였기 때문일 것이다. 그런 만큼 '상황을 주시하고 있으며, 심각히 우려한다' 정도의 원론적 입장도 가능했을 것이다. 하지만 백악관은 군이 '사전 통보가 없었다'는 점을 콕 집어 지적했다. 거칠게 말하면 '윤석열 대통령이 뒷통수를 때렸다'는 말을 하고 싶었던 것이다. 이 논평만 놓고 보면 백악관은 계엄 선포 자체보다 '사전 통보가 없었다'에 더 분노한 것으로 보인다.

12월 4일, 국회의 비상계엄 해제 결의안이 가결되고 계엄이 철회된 뒤 백악관 NSC 대변인이 추가 논평을 발표했다. 이번 논평은 첫 논평보다 훨씬 구체적이고 명확했다. 비상계엄 사태에 대한 백악관의 사실상 첫 정리된 공식 입장이다. 이 논평에서 특히 두 가지 대목에 주목할 필요가 있다.

"한국 국회가 만장일치로 거부하는 표결을 한 뒤 한국 헌법 절차에 따라 철회된 윤 대통령의 계엄령 선포에 대해 심각하게 우려했다. 한국은 민주적 회복력을 보여주고 있다. 한국 국민들이 이번 사태를 평화적, 민주적, 헌법적으로 해결할 것으로 확신한다. 민주주의 가치와 법치주의는 미한 동맹의 핵심이며, 앞으로도 계속 유지돼야 한다."

"We were seriously concerned by President Yoon's martial law declaration yesterday, which was withdrawn after a unanimous vote by the National Assembly to overturn in accordance with ROK constitutional processes. The ROK is demonstrating democratic resilience. We are confident the people of Korea will resolve this episode peacefully, democratically, and constitutionally. Democratic values and the rule of law are and must continue to be at the core of the U.S.-ROK alliance."

두 번째 논평에도 첫 번째와 마찬가지로 "심각하게 우려한다 (seriously concerned)"는 표현이 포함됐다. 그러나 이번에는 '우려의 대상'이 달라졌다. 앞선 논평에서는 "한국에서 우리가 목도하고 있는 상황 전개"라고 모호하게 말했다. 이번에는 "윤석열 대통령의 계엄령 선포"라고 명확히 지목했다. 겨누는 대상이 분명해진 것이다.

이어 백악관은 "이번 사태를 평화적, 민주적, 헌법적으로 해결할 것으로 확신한다"고 밝혔다. 그런데 누가? "한국 국민들(the people of Korea)"이라고 백악관은 명시했다. 한국 정부가 아니라 '국민'이 사태를 풀어갈 주체라는 점을 강조한 것이다. 이는 한국 국민의 민주주의 회복력을 높이 평가한 표현일 수 있다. 그러나 그게 전부는 아니다.

미국 정부 성명에서 '국민'이라는 표현은 자주 등장하지 않는다. 8년간 미국 정부를 취재한 필자의 경험에 비춰보면 주로 두 경우에 쓰였다. 하나는 설, 광복절 등 기념일을 맞아 "한국 국민에게 축하를 전한다"는 식의 우호적 메시지를 전할 때다. 다른 하나는 북한, 이란, 중국처럼 적대적 관계의 정부를 비판할 때다. 이때는 해당 정부와 국민을 분리해 '국민'을 따로 언급하며, 정부에 대한 강한 불신을 드러낸다. 예컨대, 북한 정권의 인권 탄압을 비판하면서 '북한 주민'을 따로 언급하는 식이다. 이번 논평에서 '한국 국민'을 해결 주체로 내세운 것을 주목해야 한다. 이 시점부터 바이든 행정부는 사실상 윤석열 정부를 '손절'했다고 봐도 무방하다.

'불량' 대통령: 명백한 외교적 파면

계엄 사태 이후 처음 이뤄진 한미 외교장관 간 통화 직후, 미 국무부가 발표한 성명에서도 같은 기류가 읽혔다. 외교부는 "양 장관이 앞으로도 한미 간 각급에서 긴밀한 소통을 이어나가기로 했다"고 밝혔지만, 미국 국무부 성명에는 한국 정부와 소통하겠다는 말이 없었다. 대신 "미국인들은 한국인들과 함께하며 앞으로 동맹에 대한 그 어떤 도발이나 위협에도 계속 함께 할 것"이라는 점을 강조했다. 이번에도 '한국 정부'는 빠지고, '한국 국민들'만 언급됐다.

> "조태열 외교부 장관은 12.6.(금) 오전 안토니 블링컨(Antony J. Blinken) 미국 국무장관과 통화를 갖고, 현 국내 상황 및 한미 관계 등에 대한 의견을 교환했다. 양 장관은 비상계엄 발표 이후 지난 수일간의 국내 상황에 관해 상호 의견을 교환하고 한국의 민주주의와 한미동맹에 대한 미국의 흔들림 없는 지지를 재확인했다. 블링컨 장관은 한국 민주주의의 강한 복원력을 높이 평가하고, 향후 모든 정치적 이견이 평화롭고 민주적인 절차를 통해 해결되기를 강력히 희망했으며, 양 장관은 앞으로도 한미 간 각급에서 긴밀한 소통을 이어

나가기로 했다."

-외교부 보도자료

"토니 블링컨 국무장관은 조태열 한국 외교장관과 최근 한국
에서 발생한 상황에 대해 통화했다. 블링컨 장관은 한국의 계
엄령 선포에 대해 깊은 우려를 표명했으며 국회에서 만장일
치로 계엄령을 해제한 것을 환영했다. 블링컨 장관은 이 기간
동안 한국이 보여준 민주적 회복력에 대한 신뢰를 전달했고
한국의 민주적 절차가 승리할 것을 기대한다고 말했다. 블링
컨 장관은 인도태평양 지역에서 공동의 가치와 번영, 안정을
강화하는 강력한 한미일 삼국 협력을 포함한 양국 관계의 진
전을 재확인했다. 블링컨 장관은 또한 미국의 동맹에 대한 의
지가 철통 같음을 재확인했고, 미국인들은 한국인들과 함께
하며 앞으로 동맹에 대한 그 어떤 도발이나 위협에도 계속 함
께 할 것임을 재확인했다."

-국무부 대변인 성명

바이든 정부는 비상계엄 자체도 비판했다. 국무부 2인자인
커트 캠벨 부장관은 윤석열 대통령이 "심각한 오판을 했다(badly
misjudged)"면서 이번 행위를 "illegitimate"라고 꼬집었다. '위법

적이고 정당성이 없다'는 의미다. 국무부 고위 관리가 동맹국 정상에게 이런 표현을 공개적으로 사용한 사례는 들어본 적이 없다. 미국 민주당의 일부 의원들은 윤 대통령을 '불량(rouge) 대통령'이라 지칭했고, 계엄을 "쿠데타 시도(attempted coup)"라고 규정했다. 미국이 동맹국 정상에게 내린, 사실상의 '외교적 탄핵'이었다.

한국의 사법 체계가 그를 파면하는 데 120일이 넘게 걸렸지만, 워싱턴은 불과 며칠 만에 그를 외교적으로 파면한 것이다. 이런 상황에서 윤석열 정부가 지속되고, 바이든 행정부의 연장선인 해리스 행정부가 출범했다면, 한미관계는 어떻게 흘러갔을까.

'저자세 외교' 이은
대미 '포복 외교' 불가피

지난 3년간 윤석열 전 대통령은 바이든 행정부의 '가치 외교'에 최상의 파트너를 자처해왔다. 일제 강제징용 배상 문제에선 굴욕 외교라는 국내 비판에도 아랑곳하지 않고 일본에 통 큰 양보를 했다. 그러면서 워싱턴이 오랫동안 바랐던 한미일 군사 협력의 길을 터주었다. 대만 문제에 대해선 "남북한 간의 문제처럼 역내를 넘어서서 전 세계적인 문제"라고 말해 시진핑을 자극하고 바이든을 미소 짓게 했다. 우크라이나를 찾아서는 "생즉사 사즉생"이라 하더니, 급기야 무기 지원 가능성까지 시사했다. 이런 외교 행보에 '바이든보다 더 친미적'이라는 말도 나왔다. '저자세 외교'라는 비판에도 아랑곳하지 않았다.

만약 계엄에 성공했거나 탄핵되지 않았다면, 명분을 상실한 윤석열 정부의 대미 외교는 저자세를 넘어 '포복 외교'를 피할 수 없었을 것이다. 과거 쿠데타로 정권을 장악한 박정희와 전두환이 국제사회에서 정당성을 인정받기 위해 워싱턴에 고개를 숙여야 했던 부끄러운 역사가 재현되었을 것이다. 그런 역사가 되풀이되지 않아 다행이다.

가정은 그만하고 현실로 돌아와보자. 최악은 피했지만, 결코 녹록지 않다. 1기 때보다 더 강력해져 돌아온 트럼프가 한국에 내밀 '청구서'를 준비하고 있다. '상호관세 25%'는 벌써 꺼내 들었다. '머니머신(money machine)' 한국에 더 많은 방위비 분담금을 요구하는 것도 정해진 수순이다. 주한미군 철수 카드 역시 다시 흔들 것이다. 바이든이 박아놓은 '민감국가' 대못도 굳이 빼지 않을 것이다. 중국 견제에 더 많은 역할을 하라는 압박은 거세질 것이다. 김정은을 다시 만나 어떤 '딜'을 할지도 모른다.

신용카드 청구서가 갑자기 늘어나면 누구나 거래 내역을 들여다보게 된다. 거래주의자 트럼프 덕분에 '한미동맹'의 값어치를 점검할 기회를 얻게 되었다. 보수의 눈에 진보는 한미동맹을 '불신'하고, 진보의 눈에 보수는 한미동맹을 '맹신'한다. 그동안 한국사회에서 한미동맹은 곧잘 가치와 신념의 문제로 여겨졌다. 그러나 '미국 우선주의'가 노골화된 지금, 우리도 한미동맹의 실익을 따져봐야 한다. 우리가 한미동맹에 부여한 가치에 혹시 '인플레이션'은 없었는가 살펴봐야 한다. 물론 한국의 지불 능력은 커졌다. 이제는 손익 계산 능력도 함께 커져야 한다. 다행히도 우리는 그 손익을 계산할 리더에 대해 새로 선택할 수 있는 기회를 얻었다.

트럼프 시대 워싱턴을 상대할 최적의 카드

워싱턴의 전략가들은 계산이 빠르다. 그들의 정치적 감각은 세계적인 수준이다. 트럼프 진영은 박근혜 전 대통령 탄핵 직후 열린 2017년 조기 대선 과정을 지켜본 바 있다. 트럼프 2기 행정부의 아시아 담당자들은 6월 3일, 자신들의 보스에게 전달할 '이재명 프로파일'을 이미 준비하고 있을 것이다. 계엄 및 탄핵 정국 동안 소위 '태극기 부대'로 일컬어진 이들의 광화문 시위에는 태극기

뿐 아니라 성조기도 등장했다. 그러면서 트럼프가 윤석열 전 대통령을 '구명'해줄 것이라는 망상에 빠져 있었다. 그러나 그런 일은 일어나지 않았다.

한미동맹을 금과옥조로 여기며 친미야말로 보수의 근간이라고 믿는 이들에게 묻고 싶다. 미국은 윤석열을 '손절'하고 이재명과 대화를 준비하고 있다. 그런데 어째서 태극기와 성조기가 함께 휘날리는 곳에서 이재명을 반미와 좌파의 수괴라고 하는지 모르겠다. 정작 저들이야말로 내란을 일으킨 '수괴'면서 말이다. 친미가 보수라고 주장하는 이들의 말이 맞다면, 보수는 이재명을 지지해야 마땅하지 않은가?

트럼프는 상대국 정상과의 개인적인 '케미(chemistry)'를 중요하게 생각한다. 트럼프와 이재명은 묘한 공통점이 있다. 두 사람 모두 '테러'로 목숨을 잃을 뻔했다. 트럼프는 2024년 7월, 펜실베이니아주 버틀러에서 선거 유세 중 총격 테러를 당했다. 총알이 오른쪽 귀 윗부분을 스쳐 지나가며 목숨을 건졌다. 같은 해 1월, 이재명은 부산 강서구 가덕도 신공항 부지를 시찰한 뒤 현장에서 흉기 테러를 당했다. 칼날이 좌측 경정맥에서 불과 몇 밀리미터 빗나가 가까스로 살아남았다. 또 두 사람 모두 이념을 넘어선 실용주의자다. 트럼프는 미국 보수 공화당 후보였지만 정통 공화당과는 다른 정치 문법을 구사했다. 미국 주류 정치가 외면했던 몰락한 제조업 지대 '러스트 벨트(Rust Belt)'의 분노를 정면으로 끄집어내며 선거에서 승리했다. 이재명 역시 민주당의 유력 대권 주자지만 전통적인 '운동권 민주당'과는 결이 다르다. 그는 문제 해결형 실용주의자 정치인이다.

'이재명 대 트럼프'라는 대진표의 결과가 어떨지 지금은 장담할 수 없다. 그러나 적어도 미국이 버린 윤석열을 배출한 국민의힘 정치인보다 우리에게 유리하지 않을 일은 없다. 대한민국 외교는 백악관과 미국 행정부만을 상대하는 것이 아니다. 여전히 워싱턴 조야의 일정 지분을 갖고 있는 민주당도 중요하다. 앞서 설명했듯, 미국 민주당은 계엄 내란 사태를 일으킨 윤석열을 일찌감치 외교적으로 탄핵했다. 그렇기에 불법 계엄을 저지한 야당 지도자 이재명은 민주주의의 원조국인 미국의 면전에서 동맹국 지도자로서의 정당성을 내세울 수 있다. 대한민국은 민주적이고 법리적인 절차로 내란 수괴를 권좌에서 끌어내림으로써 미국 앞에서 체면치레에 성공했다. 새로운 정권의 새로운 지도자가 지금까지와는 다른 외교, 성공하는 외교를 보여줄 다음 순서를 기다린다.

'사법 일진 무리'에
찍히다

학폭보다
무서운 법폭

'의혹'이
범죄가 되는
롤러코스터

만들어진
악당,
이재명

chapter
06

이재명 대 검찰,
사법 폭력 잔혹사:

범죄자 낙인찍기로
일관한
이재명 죽이기

계속되는
이재명 죽이기

한 번
찍히면
죽어야
하는가

이주해

한 사람의 피로 쓰인 20년

* 이 글을 쓴 필자는 본인의 신상 공개를 원하지 않았다(이주해는 오래 사용해 오던 필명이다). 제4회 변호사시험 합격자로, 10년 이상 형사 분야 전문변호사로 활동하고 있다. 보수적인 성향으로 적극적인 정치적 활동을 하지 않았기에 신상 정보가 드러나기를 원하지 않는다.

학폭보다 무서운 법폭

이재명은 지난 몇 년 동안 검찰의 '사법 폭력'에 의해 수많은 기소를 당했고, 지금도 재판이 줄어어 있다. 이는 이재명의 '사법 리스크'라 불리며 그의 정치활동에 제약을 주는 요소였다. 이러한 상황을 마주한 시민들은 자연스럽게 의문을 품기 마련이다.

"이렇게 법정에 끌려다니는데 정말 뭔가 잘못한 거 아냐?" 뒤이어 또 다른 의문이 딸려온다. "대체 왜 검찰은 이토록 이재명을 싫어하고 못 살게 구는 걸까? 그래도 검찰이 정의 수호 기관인데 이재명에 대해서 뭔가 확실한 범죄 행위나 비리 사실을 쥐고 있는 게 아닐까?"

대중들은 미디어가 구성하고 편집한 이미지를 통해 이재명이 다양한 비리와 불법에 연루되었다고 인식한다. 대부분의 시민은 생업이 가장 중요한 생활인이며 여러 정보를 종합해 판단할 수 있는 '정치 고관여층'이 아니기 때문이다. 특히 영화 〈아수라〉의 부패한 정치인 이미지와 이재명을 억지로 연결시킨 프레임은 사회적으로 소비되는 밈이 되어 오해의 불길을 키우는 데 일조했다.

실제로 이재명은 수많은 사건으로 기소되었고 현재도 여러 재판이 진행 중이다. 그러나 법률가의 시각에서 이재명의 사건들을 면밀히 분석해보면, 이재명에게 강요된 이미지와 그의 본질이 완전히 다르다는 사실을 알 수 있다. 이재명은 2002년 검찰 내부의 '불가침 영역'을 건드렸던 것으로 보이고, 이후 20년간 검찰로부터 압박을 받았다. 이재명의 수많은 기소와 재판 기록은 그의 불법행위가 아닌, 오히려 그가 검찰과의 싸움에서 남긴 흔적이자 상처다.

이른바 '사법 리스크'라는 이름으로 포장된 압박에 의해, 이재명은 부패와 관련한 사건에서 유죄 판결이 확정되지 않았음에도 〈아수라〉의 부패한 정치인과 중첩된 이미지를 멍에처럼 지게 되었다. 검찰은 수사 과정에서 처음 문제 삼았던 것과 다른 것을 문제 삼았고, 비리 사실이 제대로 입증되지 않자 사건의 지엽적 문제를 끄집어 올려 별건 기소하였다. 선정적인 수사 내용들이 언론을 뒤덮었지만 그중 다수는 사실이 아닌 것으로 밝혀졌다. 최종 판결에서 무죄가 선고되더라도 이미 형성된 부정적 이미지는 쉽게 지워지지 않는다. 그 결과 많은 시민이 이재명에 대한 여러 기소 사실만으로도 그의 범죄를 당연시하게 되고 말았다.

만약 어떤 고등학생이 학교를 다니는 3년 내내 참혹한 학교폭력을 당했다면, 그리고 가해자들에 의해 그가 '맞아도 싼 녀석'으로 여론이 조작되었다면, 그래서 다른 급우들의 손가락질을 받으며 괴롭힘이 계속되었다면, 마침내 그의 학창시절이 밝혀졌다면, 그랬다면 우리는 가해자들에 대한 분노를 참을 수 없을 것이다. 그만큼 우리 사회에 정의에 대한 믿음과 공감능력이 있기 때문이다. 그런데 한 명의 정치인이 한국에서 정치적, 법률적으로 가장 강력한 집단들에 의해 무려 20년간 집중적인 괴롭힘을 받았다면, 그리고 그가 여전히 거꾸러지지 않은 채 피를 흘리고 있다면 우리는 그 모습을 어떻게 바라보아야 할까?

나는 법조인으로서 20년간 지속된 이 특이하면서도 유례 없는 법적 대립의 실체를 살펴보고자 한다. 특히 이른바 '검사 사칭' 사건을 중심으로, 법률적 관점에서 이재명에 대한 사법 권력의 행사가 과연 정의와 상식에 조금이라도 부합했는지 이야기해

보고자 한다.

'사법 일진 무리'에 찍히다

이재명의 '검사 사칭' 사건은 잘못된 정보가 사실인 양 자리 잡은 대표적 사건이다. 이 사건을 제대로 들여다보려면 먼저 그 배경에 있는 '분당 파크뷰 특혜분양 사건'을 먼저 살펴야 한다. 이는 단순한 특혜분양을 넘어 정치권과 법조계, 건설업계가 복잡하게 얽힌 대형 비리 의혹 사건이었다.

분당 백궁역 부근에는 상업용지로 지정되어 아파트 건축이 불가능한 3만9000평의 토지가 있었다. 사업성이 낮아 포스코 개발조차 281억 원의 위약금을 지불하고 포기했던 이 토지를 소규모 건설업자 홍원표 씨가 건설업체 N사 김모 회장의 자금 100억 원을 통해 계약금을 마련하여 매입했다. 그로부터 1년 후, 이 토지는 주상복합지로 용도변경 되었고, 홍씨는 SK 최태원 회장의 보증으로 1,100억 원을 차입하여 1조 원 규모 사업의 주체가 되었다. 용도변경 인가권자는 당시 김병량 성남시장이었다.

이 과정에서 용도변경 및 건축허가 특혜 의혹이 제기되었고, 정계·법조계·건교부·경기도·성남시, 심지어 청와대 관계자까지 연루된 '커넥션' 의혹이 불거졌다. 2002년 5월, 국정원 전 차장의 증언을 통해 분당 파크뷰 아파트가 여야 국회의원, 고위 공무원, 판사, 검사 등 130여 명에게 특혜분양 되었다는 사실이 드러났다. 검찰 조사 결과에 따르면 특혜분양 규모는 449가구에 달했다.

　당시 이재명 변호사가 위원장을 맡고 있던 성남시민모임은 "특혜분양은 표면적 문제일 뿐 의혹의 핵심은 백궁·정자지구 용도변경 특혜"라고 지적했다. 이후 파크뷰 관련 인사들의 구속 기소가 이어졌는데, 임창열 전 경기지사 부인이 홍원표 회장으로부터 현금 1억 원과 4,200만 원 상당의 가구를 제공받은 혐의로 구속되는 등 비리 규모가 확대되었다.

　2002년 5월 18일, KBS 〈추적60분〉에서 공개된 김병량 시장과 최철호 PD의 대화 내용은 충격적이었다. 이 녹취록에는 김 시장과 홍 회장의 친분, 청와대 출신 정계인사와 홍 회장의 관계, 검찰 고위인사들과의 유착 관계를 의심케 하는 발언들이 담겨 있었다. 사람들은 여기에 공분했고, KBS와 성남시민모임은 비리를 척결하는 데 크나큰 일을 했다.

　그러나 엉뚱하게도 명백한 비리를 저지른 시장과 관련자들에 대한 의혹보다 이를 보도한 최 PD와 성남시민모임의 위원장으로 있던 이재명 변호사가 '피의자'가 되어 수사 대상이 되었다. 대체 왜일까? 혹시 보도에 무슨 문제가 있었던 것일까?

만들어진 악당, 이재명

놀랍게도 보도 자체는 큰 문제가 없었다. 녹취록은 조작되지 않았고, 허위 기사라고 보기도 어려웠다. 검찰이 문제 삼은 것은 녹취를 한 방식이었다.

비리의 몸통으로 지목되어 국민의 공분을 사던 바로 그 당사자인 김병량 성남시장은 2002년 5월 25일 '분당 백궁역 일대 부당 용도변경 저지를 위한 공동대책위'의 공동집행위원장인 이재명 변호사와 KBS 최철호 PD를 공무원자격사칭 혐의로 고소했다. 최철호 PD가 검사 자격을 사칭하였고, 이재명 변호사가 이를 도왔다는 것이다.

2002년 5월 10일, 이재명 변호사는 분당 백궁역 일대 부당 용도변경 저지를 위한 공동대책위원회 공동집행위원장 자격으로 자신의 사무실에서 KBS 최철호 PD와 인터뷰를 진행하고 있었다. 인터뷰 중 최 PD는 김병량 시장의 수행비서 김진성에게 전화를 걸었다. 처음에는 기자라고 소개했으나 인터뷰가 거부되자, 자신이 검찰청 소속이라고 말하며 김 시장과의 통화를 시도했다. 최 PD는 백궁·정자지구 용도변경 관련 질문을 하며 마치 검사가 피의자를 신문하는 방식으로 대화를 이어갔다. 녹취록은 이렇게 검사인 척 연기한 PD가 얻어낸 것이었다. 분명 공익을 위한 행위이고, 이를 통해 '거악(巨惡)'을 밝혀낸 것은 사실이다. 동시에 굳이 따지자면 그 취재 방식에 약간의 문제가 있었던 것도 사실이다.

하지만 방식의 문제 정도에 대한 검찰의 대응은 전에 없이 강력했다. 검찰은 고소 접수 후 이틀 만에 신속하게 최철호 PD를 구속했다. 이재명 변호사에 대해서도 단 한 차례의 소환에 응하지 않았다는 이유로 출국금지 조치를 취하고, 2002년 6월 5일 체포영장을 발부받아 검거에 나섰다. 또한 2002년 6월 7일에는 이재명 변호사의 사무실 등에 대한 대대적인 압수수색을 실시했다. 이는 일반적인 수사 관행에서 벗어난 이례적인 속도와 강도였다.

이러한 검찰의 대응은 당시 제기된 본질적인 의혹—정치인과 검찰 간부들의 유착 관계와 특혜 의혹—보다는 그 폭로 방식에 초점을 맞춘 것이었다. 공익을 위해 무리한 수단을 사용한 사람에 대해서는 엄격하게 대하고, 정작 엄청난 비리를 저지른 사람들, 무엇보다 자기 식구인 검찰 간부들에 대해서는 미지근한 수사를 이어갔던 것이다. 검찰이 자신들의 내부 문제에 대한 폭로를 차단하고 폭로자를 강력히 처벌함으로써 견제하려 했다고 해석하면 과도한 해석일까? 확실한 것은 이때부터 이재명과 검찰의 전쟁이 시작되었다는 것이다.

2002년 6월 10일, '민주사회를 위한 변호사모임'(약칭 민변)은 이 사건에 대한 성명을 발표한다.

(…) 우리 '민주사회를 위한 변호사모임'은 위와 같은 검찰의 수사가 정치상의 이유로 정작 큰 악은 수사하지 않으면서 지엽말단적인 문제로 이재명 변호사를 포함한 관계인들을 무리하게 수사하는 것이므로 당장 시정되어야 함을 지적하지 않을 수 없다.

KBS는 지난 2002. 5. 18. 〈추적60분〉(주제 '특혜의혹 분당파크뷰, 무슨 일이 있었나') 시사프로그램에서 "김병량 성남시장이 파크뷰의 홍모회장 및 검찰 간부들과 모종의 관계를 가졌음"을 시사하는 성남시장의 육성 녹음테이프를 공개하였다. 그리고 성남의 시민단체들은 2002. 5. 23. 기자회견을 통해 위 육성 녹음테이프를 다시 한 번 공개하였다. 성남의 시민단체들이 육성 녹음테이프를 공개한 것은 분당의 백궁·정자지구의 용도변경과 관련하여 정치권 및 공무원들의 불법적인 개입이 있었다는 점이 명확하였기 때문이었다. 특히 녹음테이프에는 "성남시장이 파크뷰의 홍모회장 및 성남지청의 검사들과 골프회동을 하였고, 청와대 파견 모 검사를 만났으며, 관할 지청장이 성남시장에게 분당 백궁·정자지구 용도변경 내사사건의 수사결과를 알려주었고, 또 다른 검찰간부(검사장)는 성남시장에게 고소시기에 대한 조언을 해주기까지 하였다"는 등의 내용이 포함되어 있어 일부 검사마저도 이 과정에 개입되어 있다는 점을 시사하였다.

(…) 이미 '분당 백궁역 일대 부당 용도변경 저지를 위한 공동대책위'는 2001. 11. 5. 및 2002. 5. 29. 김병량 성남시장을 업무상배임 등의 혐의로 고발한 바 있다. 이는 검찰의 수사를 통하여 정치권과 공무원의 불법개입을 밝히고자 하는 것이었다. 그리고 이것이 바로 이 사건의 본질이다. 그러나 검찰은 이 사건의 본질에 대한 위 고발사건은 제대로 수사하지 않은 채 정치권과 공무원의 불법개입을 폭로한 이재명 변호사와 최철호 PD에 대하여 구속을 전제로 한 수사를 진행하고 있는 것이다.

우리는 검찰의 이재명 변호사에 대한 수사가 김병량 성남시장의 지방선거 출마와 분당 백궁·정자지구의 부당 용도변경에 대한 수사과정에서 일부 검사가 관련된 점과 관련하여 정치적인 의도에서 진행되고 있음을 주목한다. 이재명 변호사는 현재 검찰의 조사에 응하지 않겠다고 하는 것이 아니다. 하물며 도주를 하거나 증거를 인멸할 의도도 전혀 없다. 만일 검찰이 분단 백궁·정자지구의 부당한 용도변경에 대한 정치권과 공무원의 불법 개입 사실을 밝히고자 한다면 가지고 있는 모든 자료를 제공하고 수사에 적극 협조할 용의를 가지고 있다. 그리고 그 과정에서 자신에 대한 공무원 자격 사칭 고소사건에 대해서도 적극 수사에 협조할 용의를 가지고 있다. 그럼에도 불구하고 검찰은 이재명 변호사의 의도는 확인하지 않은 채 곧바로 체포영장을 발부받고 변호사 사무실에 대한 압수수색을 하였다.

이에 우리 민변은 이재명 변호사에 대한 수사가 이 사건의 본질과 전혀 관계없는 수사로서 정치적인 의도에 의하여 진행되고 있음을 주목하면서 또한 이재명 변호사의 행위가 오로지 공공의 이익을 위한 내부 비리 고발로서 지극히 정당한 행위임을 믿어 의심치 않으며 이 사건에 대하여 모임의 전 역량을 동원하여 본 사건의 진실을 밝힐 것을 천명한다.

(…) 또한 이 사건의 핵심인 분당 백궁·정자지구 용도변경에 관한 김병량 성남시장의 연루·비리의혹과 녹음테이프 내용에 대하여도 그 진위여부를 철저히 조사하여 줄 것을 강력히 요청한다. 이 방법만이 검찰이 의혹으로부터 자유로울 수 있는 길일 것이다.

2002. 6. 7. 민주사회를 위한 변호사모임

'의혹'이 범죄가 되는 롤러코스터

어쨌든 최 PD와 이재명은 기소되었는데, 이재명 변호사의 역할이 어디까지였는지는 불분명했다. 녹취록에는 최 PD의 목소리만 들어 있었고, 이재명의 목소리는 들어가지 않았다. 그리고 이재명 사무실에 대한 압수 수색에도 불구하고 이재명이 적극 개입했다는 증거는 발견되지 않았다. 다시 말해 국민 대부분이 지금 '검사 사칭' 사건으로 알고 있는 사건의 대략적인 인상과는 완전히 다르게, 이재명 본인은 직접 검사 사칭을 한 적이 없다. 어디까지나 검사 사칭을 조력했다는 공범으로 기소된 것이다.

이재명이 '검사 사칭'에 개입되었다는 주요한 증거는 최 PD의 진술이었다. 최 PD는 이재명이 검사 이름을 알려주고 질문 사항도 직접 가르쳐 주었으며 통화를 하는 동안 옆에서 적극적으로 도왔다고 진술했다. 반면 이재명은 담당검사를 알려주었을 뿐이고 통화 중에는 자리를 피했으며 적극적으로 관여했다는 내용들은 모두 사실이 아니라고 주장했다.

그러나 법원은 최 PD의 증언에 신빙성이 높다고 보았다. 그 진술이 구체적이었고 최 PD가 거짓말을 할 이유가 없었다는 것이다. 법원은 이재명이 최 PD에게 "수원지검에 경상도 말을 쓰는 A검사가 있는데 시장도 그 이름을 대면 잘 알 겁니다"라고 구체적 정보를 제공하고, 통화 내용을 들으면서 추가 질문 사항을 메모지에 적어 주거나 보충 설명을 했다는 이유로, 이재명을 공무원자격 사칭 혐의의 공범으로 인정했다. 최종적으로 이재명은 벌금 150만 원을 선고받았다.

그런데 흥미롭게도 직접 검사를 사칭한 최 PD는 항소심에서 '공익을 위한 취재'라는 점이 참작되어 선고유예를 받았다. 최 PD가 범행을 인정한 반면 이재명은 부인했다는 이유였지만, 역설적으로 이는 이재명이 자신의 가담 정도를 인정했다면 선고유예 이하의 경미한 처벌을 받을 정도로 미미한 사안이었음을 의미한다. 그러나 이 경미한 문제 때문에 최 PD는 구속되었고 이재명은 체포되었으며 고강도의 압수·수색이 있었다. 이재명이 이 사건에 얼마나 참여했는지에 대한 판단과 별개로 검찰의 대응이 과도했음은 부인할 수 없을 것이다. 특히 당시 폭로 내용에는 현직 검사장을 비롯한 검사들의 개입 의혹이 포함되어 있었다. 이런 상황에서 검찰의 수사는 '제 식구 감싸기'라는 비판에서 자유로울 수 없다.

검사 사칭 행위 자체는 분명 잘못된 행위다. 당시가 '알 권리'를 이유로 다양한 취재 수단이 사용되던 시점이라는 점을 감안해도 마찬가지다. 그러나 ①그 목적이 공익을 위한 것이었다는 점, ②폭로 대상인 더 큰 비리 의혹보다 오히려 취재기자와 취재원에 대한 수사가 더 가혹하게 이루어졌다는 점, ③이재명은 직접 검사를 사칭한 것이 아니라 정보 제공에 그쳤다는 점, ④이재명의 적극적 개입에 관한 최 PD의 진술에 신빙성 문제가 있다는 점 등을 종합하면, 이재명을 '검사 사칭범'으로 몰아가는 것, 그렇게 비윤리적인 한 인간으로 만들고 자신의 목적을 위해 수단 방법을 가리지 않는 '아수라'로 그려내는 행위는 더 큰 문제다.

오히려 보다 명백히 드러나야 할 것은 검찰의 편파적인 수사 태도다. 검찰은 중대한 비리 의혹보다 공익 목적의 취재 활동을 한 PD와 시민단체 대표를 구속하고 체포하는 등 '삼천포로 샌' 수사를 진행했다. 검찰은 감히 검사를 사칭한 것에 기분이 나빴던 것일까, 아니면 '제 식구 감싸기'를 한 것일까, 혹은 둘 다일까?

확실한 것은 2002년 이 사건 이후 이재명은 검찰과 기나긴 싸움을 이어가야 했다는 점이다. 법적으로는 문제가 있었을지라도 경미한, 그리고 윤리적으로는 응원받을 여지가 훨씬 높은 이 사건으로 인해 이재명은 이후 세 차례나 더 기소되는 고초를 맞는다.

한 번 찍히면 죽어야 하는가

이 사건은 16년이 지난 2018년, 이재명이 경기도지사 선거에 출마하면서 다시 불거졌다. 2018년 5월 29일, 경기도지사 후보에 대한 KBS 초청 토론회 자리에서였다. 당시 바른미래당 김영환 후보는 이재명에 대한 악성 마타도어를 비롯해 여러 의혹 제기를 하며 해명을 요구했다. 친형을 강제로 정신병원에 입원시켰다는 이야기부터(해당 내역은 따로 허위사실 공표로 기소되나 무죄 판결을 받는다), 일간베스트에 접속했냐는 것까지 계속되는 의혹제기를 하다가, 이재명이 이에 대해 조목조목 반박하자 앞뒤 맥락 없이 갑자기 "검찰 사칭하신 거 아닙니까? 검찰 사칭하셨죠? 그래서 구속되었습니까?"라고 물어본다.

"검찰 사칭하신 거 아닙니까? 검찰 사칭하셨죠? 그래서 구속되었습니까?"

"제가 한 것이 아니고, PD가 사칭하는데 제가 옆에 인터뷰 중이었기 때문에 제가 그걸 도와주었다는 누명을 썼습니다."

"그래서 구속되었습니까, 안 되었습니까?"

"구속되었습니다."

"그래서 벌금형 받으셨죠?"

"150만 원 받았습니다."

"지금 하신 일들은 전부 정의를 위해 하신 일입니까?"

"저는 이 사회에 부정부패를 감시하기 위해서 열심히 노력했습니다. 그리고 저는 보복당했다고 생각합니다. 저는 검사를 사칭하여 전화한 적이 없습니다. PD가 한 거를 옆에 인터뷰하고 있었다라는 이유로 제가 도와준 걸로 누명을 썼습니다."

내용을 보면 알겠지만 이는 '검사 사칭을 (네가) 했냐?'라는 질문에 본인이 직접 한 것이 아니라는 점을 이야기한 것이고, 그 처벌 결과에 대해 자신은 '누명'이라고 생각한다는 본인의 의견을 표명한 것이었다. 당시 후보 토론회를 보던 사람들 다수는 이를 문제라고 생각하지 않았다. 그러나 이 날 이재명이 했던 거의 모든 말은 맥락을 거세한 채 허위사실 공표에 해당한다고 재단당했다.

검찰은 앞에 나온 '형 정신병원 입원' 내용과 함께 이 말이 허위사실 공표에 해당한다고 판단했다. 2004년 대법원 판결에서 이재명이 단순히 옆에 있었던 것이 아니라 검사를 알려주고 진술에도 관여했다는 내용이 인정되었는데, 이재명이 이러한 부분을 생략하고 '누명'이라고 한 것이 허위라는 것이었다.

이재명 본인은 해당 재판에서 지속적으로 일관되게 자신은 적극적 협조를 한 적이 없고 공범이 아니라고 주장했다. 그 주장을 그대로 이어가면 당연히 자신이 받은 처벌은 '누명'이 될 수밖에 없다. 본인이 누명이라 생각하는 사건에 대해 그 견해를 밝힌 것이 어떻게 '허위사실 공표'가 될 수 있는가?

이재명은 해당 내용에 대해 사실 관계 자체를 부정하거나 숨기지 않고 구속되었다는 점, 벌금형을 받았다는 점 등을 있는 그대로 이야기했다. 이런 내용을 숨기거나 자신이 유죄를 받고서도 받지 않았다고 주장했다면 이는 허위사실 공표일 것이다. 그러나 본인이 누명을 썼다고 생각한다거나, 보복을 당했다고 생각하는 것이 도대체 어떻게 허위사실 공표가 될 수 있는가?

검찰은 토론회 발언을 문제 삼으며 선거법 위반 사건으로 몰아갔다. 이재명이 당시 어떤 처벌을 받았고 그 전말이 어떠한지는 인터넷에서 누구나 쉽게 찾아볼 수 있다. 이재명 본인도 유죄 판결을 받았다는 점을 그대로 이야기했다. 이것에 대해 이재명이 스스로 누명이라 생각한다는 것이, 대체 어떤 사람들에게 '허위사실을 인식'시키고 선거에 영향을 끼칠 수가 있는가?

만약 '내가 직접 한 것이 아니다'는 해명이 허위사실 공표가 맞다면 직접 사칭을 한 사람이 아닌 공범에 대해 마치 직접 범죄를 저지른 것처럼 '검사 사칭하셨죠?'라고 여러 번 캐물은 김영환 후보야말로 더욱 큰 허위사실 공표에 해당한다고 볼 수 있다.

하지만 김영환 후보의 해당 발언은 기소되지 않았다.

이는 법조인으로서 정말 황당한 사건이었다. 재판 결과에 대해 억울함을 가진 사람들은 정말 많다. 당장 각 법원 앞마다 억울하다는 내용의 플래카드가 걸려 있고, 1인 시위를 하는 사람들을 매일 볼 수 있다. 이들은 모두 허위사실을 공표한 것인가? 이들은 왜 기소되지 않는가?

어쨌든 검찰의 기소로 인해 이재명은 다시 법정에 서게 되었다. 선거법 위반 사건이기에 당선무효가 될 수도 있는 사안이다. 1심에서는 무죄가 선고되었으나 항소심에서는 벌금 300만 원이 선고되었다. 그러나 대법원은 2020년 7월 16일, 항소심 판결을 파기하고 사건을 서울고등법원으로 환송했다(대법원 2020. 7. 16. 선고 2019도13328 판결). 대법원은 판결문에서 이재명의 발언이 단순한 의견 표명에 해당할 수 있으며, 선거 결과를 좌우할 정도의 명백한 허위 사실이라고 단정하기 어렵다고 판단했다. 그리고 파기 환송심에서 이재명은 최종적으로 무죄 판결을 받았다.

이 사건은 2002년 검찰의 역린을 건드린 이후 이재명이 늘 검찰의 표적이 되어 왔다는 것, 그리고 이재명의 정치적 생명이 이에 따라 쉽게 위협받았다는 것, 그리고 검찰의 정치적 영향력이 얼마나 무서운지를 분명하게 보여준다.

계속되는 이재명 죽이기

2023년, 검찰은 백현동 개발사업 특혜 의혹을 수사하는 과정에서 고 김병량 전 성남시장의 수행비서였던 김진성의 과거 휴대폰에 남아 있던 이재명과의 통화 녹취록을 발견했다. 이 녹취록은 백현동 의혹과는 직접 연관이 없는 것이었다. 백현동을 문제 삼아 이루어진 압수수색이 백현동이 아닌 '이재명'에 대한 것임을 드러내는 것이기도 하다.

2018년 12월 22일에 이루어진 통화에서 당시 이재명은 김진성에게 과거 검사 사칭 사건에 대해 "주로 내가 타깃이었던 거, 이게 지금 매우 정치적인 배경이 있던 사건이었던 점들을 좀 얘기해주면 도움이 될 것 같아요"라고 말했고, 김진성은 "예, 예, 예"라고 답했다.

검찰은 이 통화 내용을 근거로 이재명이 2018년 자신의 '검사 사칭 부인' 관련 공직선거법 위반 재판 과정에서 김진성에게 허위 증언을 요구했다고 보고, 위증교사 혐의로 기소했다. 그러나 이는 앞뒤 맥락을 전혀 고려하지 않은 것이었다. 검찰이 문제 삼은 발언 사이에는 '한번 생각을 한번 되살려봐주시고', '그 때는 우리 주장이었으니까 한번 기억도 되살려보시고'라는 말이 반복적으로 나온다. 이는 김진성이 당시 상황이 10년도 더 된 과거의 일이라 잘 기억이 나지 않는다고 하여, 기억을 되살려보라는 맥락에서 한 이야기이다.

심지어 명시적인 반박도 나온다. 김진성은 다른 통화에서 이재명이 '제가 얘기해놓은 내용들이 있으니까 그거 한번 보십시오'라고 하자, '제가 거기에 맞춰서 뭐 해야죠'라고 이야기한다. 여기까지만 보면 위증교사와 위증으로 보일 여지가 있지만 곧바로 진실이 드러난다. 이재명은 뒤이어 '그날 뭐 통화할 때에 우리 김 비서관(김진성)이 안 본 거 뭐 그런 얘기 할 필요는 없는 거고, 그쪽 시장님 쪽 이게 어떤 입장이었는지, 뭐 그런 거나 좀 한번 상기해 봐주시면 좋을 것 같아요'라고 이야기한다. 즉 직접 보지 않은 것은 이야기하지 말고, 시장님 측의 입장을 상기해 달라는 이야기다.

미디어와 온라인에서 '이재명의 섬뜩한 비밀'인 양 판도라의 상자처럼 취급되는 녹취록 전체는 이미 공개되었고 법원에서도 검토된 '이미 있는 사실'이다. 녹취록을 검토해보면 이재명은 단지 '기억나는 대로 이야기하라'고 했을 뿐, 특정 진술을 강요했다고 보기 어렵다. 그저 당시 상황이 잘 기억나지 않는 증인의 기억을 돕기 위해 공소장을 보내주고, 자신의 견해를 설명했을 뿐이다. 만약 이것이 위증교사에 해당한다면 많은 변호사들은 일상적인 업무 과정에서 위증교사를 범한다고 할 수 있다.

법조인의 관점에서 이 재판은 매우 이례적이다. 변호사가 증인에게 증언을 요청하고 해당 사건의 맥락을 설명하는 것은 실무상 매우 일반적인 행위다. 법원에서도 '대동증인'을 선호하는 경향이 있으며 증인의 증언에 문제가 있다면 공판 과정에서 반박될 수 있다. 증인이 한쪽 편을 들더라도 그 증언은 재판부의 판단 과정에서 중요한 증거로 평가될 수 있고, 진술의 신빙성은 얼마든지 다투어질 수 있다.

이 재판의 특이점은 당사자인 김진성이 위증 혐의를 인정했다는 점이다. 일반적으로 본인이 혐의를 인정하는 경우 무죄 판결이 내려지는 경우는 매우 드물고 본범이 유죄로 인정된다. 교사범이 무죄가 되는 경우는 더욱 희박하다. 따라서 김진성이 위증 혐의를 인정한 이상, 이재명이 위증교사로 유죄 판결을 받을 가능성이 높았다.

그러나 2024년 11월 25일, 서울중앙지법 형사합의33부(김동현 부장판사)는 김진성에게는 일부 기억에 반하는 증언을 했다며 위증 혐의를 인정하면서도, 이재명의 위증교사 혐의에 대해서는 무죄를 선고했다(2023고합927). 재판부는 "증거만으로는 위증을 하게 하려는 교사의 고의가 있었다고 보기 부족하다"고 판시했다. 즉, 이재명이 김진성에게 명백하게 허위 증언을 지시했다고 보기 어렵고, 자신의 상황을 해명하기 위한 방어권 행사 차원에서 본인의 상황을 설명한 것으로 판단한 것이다. 이 사건은 현재 1심 무죄판결이 나온 상태로, 항소심이 진행 중이다.

한 사람의 피로 쓰인 20년

이상의 이야기는 이재명에게 행해진 수많은 '사법 폭력'의 한 예에 불과하다. 이외에도 이재명이 기소되어 재판을 받고 있는 사건들은 훨씬 더 많다. 이재명을 가장 먼저 그리고 가장 오래 괴롭혔던 사건인 2002년 검사 사칭 사건, 아니 '분당 파크뷰 특혜 의혹 사건'만 보더라도 이재명에게 가해지고 있는 사법 폭력들이 어떤 식으로 이루어지고 있는지를 파악하는 데 큰 도움이 된다.

지금까지 드러난 내용들을 종합해볼 때, 이재명의 행위는 ① 정치인과 검찰이 연루된 비리 의혹에 대해 공익 목적에서 폭로를 도왔던 것, ②이에 대한 형사 처벌에 억울함을 표명한 것, ③증인에게 출석을 권하면서 해당 사건의 정치적 맥락을 설명한 것이 전부다. 설령 검사 사칭의 공범에 해당한다는 법원의 판결이 완전히 사실이라 하더라도, 이것이 세 번이나 본인의 정치적 생명을 잃게 할 만한 윤리적, 법적 문제가 있는 행위인가?

다만 확실한 것이 있다. 검찰이 가진 권력이 특정 인물에 대해 얼마나 지속적이고 강력하게 작용할 수 있는지, '사법 폭력'이라 할 수 있을 정도로 얼마나 집요하게 행사되는지 보여주는 분명한 사례라는 점이다. 검찰의 내부 문제를 공개적으로 제기한 사람은 수 차례 법적 보복에 가까울 정도로 가혹한 수사의 대상이 되었다. 이후에도 이재명이 정치적으로 부상할 때마다 과거사건들이 재소환되었고 새로운 혐의가 언론을 뒤덮었다.

이는 단순한 법 집행을 넘어 형사사법체계가 특정 인물에 대한 정치적 견제 수단으로 활용될 수 있음을 보여준다. 법치주의의 핵심은 '법 앞의 평등'과 '법 적용의 공정성'에 있다. 그러나 이재명의 사례는 검찰과 같은 강력한 사법기관이 그 권한을 편향적으로 행사할 때 개인의 법적 권리와 정치적 생명이 어떻게 위협받을 수 있는지 선명하게 보여준다. 이재명에 대한 20년간의 법적 압박은 우리 사회의 사법 정의와 권력 견제의 메커니즘에 대해 심각한 질문을 던진다. 권력 기관이 자신들의 목적에 따라 행동하는 것을 우리는 어떻게 막을 수 있을까? 우리 사회가 과연 이런 문제를 언제까지 안고 갈 수 있을까?

그 권력 기관은 '기소권'이라는 자신의 손가락을 들어 이재명이 얼마나 나쁜 사람인지 보라 한다. 그들이 가리키는 '달'은 자신들이 스스로 꾸며 만들어낸 이재명의 사악함이다. 그러나 우리가 보아야 할 것은 달이 아니라 손가락이다. 그 손가락이 과연 정의를 위해 존재하는지, 혹시 자기들 집단의 이득이나 외부의 영향 때문에 움직이고 있는 것은 아닌지 의심해야 한다. 그들이 행사하는 권력으로 한 사람이 20년 간 고통받아도 되는지, 국민의 가장 중요한 권리 중 하나인 선거에서 한 사람의 후보가 국민이 아닌 특정 권력 기관의 의지에 따라 투표용지에서 사라져도 되는지 우리는 다시 생각해봐야 한다. 현재를 내버려두면 현재의 문제는 그대로 미래가 된다.

친미 반공, 아버지의 삶

나도 종북인가?:
'반공투사' 할아버지 이야기

chapter

07

그래서 나는
이재명을 지지한다:

'반공' 가족사와
보수주의자의
이재명 관찰기

보수주의(자)는
무엇인가

박기태

그래서 나는
이재명을 지지한다

나도 종북인가?: '반공투사' 할아버지 이야기

우리 집안은 함주군, 즉 함흥시에 바로 붙어 있는 지역에서 대대로 목수를 해온 집안이다. 그 영향인지 우리 집안에는 화가나 건축가가 많다. 나의 아버지는 화가이고, 나의 할아버지는 건축가였다.

할아버지는 일제 강점기 동양 최대의 비료공장이자 흥남-함흥 지역권 다수의 노동력이 근무했던 흥남비료공장에서 건설과장으로 일했다. 그 거대한 공장에서 한국인 중 가장 직급이 높은 사람이었다고 한다. 증조할아버지 때부터 동학과 천도교를 믿어온 집안이라, 할아버지는 일제 강점기 자연스럽게 '천도교 청년당'에 가입했고, 해방 이후엔 '천도교 청우당'에서 활동했다.

소련이 주둔한 북한에서 천도교 청우당은 자연스럽게 야당 역할, 즉 소련과 조선노동당의 노선에 불만이 있는 사람들이 모이는 역할을 했다. 당시 천도교 청우당 당수인 김달현을 비롯한 지도부는 소련군 및 조선노동당과 친화적인 역할을 하였으나, 많은 당원들과 지역 조직은 그에 거리가 있었다. 나의 할아버지는 함흥 지역에서의 인망을 기반으로 함경남도 흥남시당위원장을 맡고 있었다.

1948년, 남한의 천도교 지도자들은 3.1절을 기하여 남북한 천도교 조직이 모두 평화 통일을 촉구하는 시위를 할 것을 의결한다. 이에 대해 북한의 천도교 조직 및 청우당 역시 민주 통일을 촉구하고 미소 양군 철수, 단독정부 반대, 유엔 한국위원단 감시하의 총선거를 지지하는 평화 시위를 하기로 의결한다. 할아버지도 이를 지지하는 입장이었다.

그러나 소련과 긴밀한 관계를 유지하고 있던 당수 김달현이 이를 밀고하고, 13,000명이 넘는 당원이 체포된다. 4명이 사형에 처해지고, 많은 이들이 아오지 탄광에 보내졌다. 다행히 지역적 특수성 덕분에 할아버지를 비롯한 함경남도 사람들은 여기서 살아남았다.

당시 북한 정권이 온전한 힘을 행사할 수 있는 곳은 평안도와 황해도였고, 멀리 떨어진 함경도는 상대적으로 지배력이 약한 편이었다. 게다가 함경도는 흥남비료공장을 비롯한 다수의 공장들이 있었고, 부전강 수력발전소가 설치되는 등 북한 최고의 공업지대였다. 일제강점기인 1940년 공업 생산액을 살피면, 함경남도 4억 3400만 원, 함경북도 1억 7600만 원으로 당시 한반도 전체 공업 생산액의 23.2%와 9.4%를 차지하였다. 해방 직전인 1944년 기준 한반도의 인구가 약 2500만 명이고 그중 함경남도의 인구가 200만 명으로 인구로는 한반도 인구의 8% 정도인 함경남도가 공업 생산액은 23.2%에 달했던 것이다. 특히 전쟁 등을 염두에 두고 있던 소련과 김일성의 입장에서는 함경도민들에게 척을 지고 싶지 않았기에 함경남도에서는 청우당원들에 대한 대규모 숙청이 일어나지 않았다.

그러나 생존한 함경남도인들, 그 중에서도 중심지였던 흥남사람들은 그 사건 이후 북한 정권에 대한 적개심을 불태웠다. 이에 1948년 '배공청산단(排共淸算團)'이라는 조직이 만들어진다. 이름처럼 공산당을 청산하기 위한 조직이었다. 이들은 천도교 청우당을 중심으로 공산당 정권을 붕괴시키기 위해 모였다. 이들은 남한 천도교인들과 소통하였고 남한의 김창룡 특무대장과 접촉하여 그의 지령을 받았다. 그 배공청산단(일부 기사에서는 '배공청년

단'으로 등장하기도 한다)의 대표가 바로 나의 할아버지였다. 배공청산단은 화물열차를 전복시키려고 노력하기도 했고, 북한의 정보 등을 남한으로 보내는 등 활발히 활동했다.

1950년 5월, 배공청산단원들이 단원 명단을 들고 남한으로 가려던 중 북한 정부에 적발되는 사건이 일어난다. 이에 공산당은 명단에 있는 단원들 다수를 체포해 그 소식조차 알 수 없게 되었다. 놀랍게도 할아버지는 잡혀가지 않았다. 아마 '천도교 청우당 흥남시당위원장'을 바로 처벌하는 데 부담을 느꼈던 것 같다. 다만 활동이 극도로 제한되었다. 당시를 기억하는 할머니는 그 때 할아버지는 이미 죽은 날을 받아둔 사람처럼 살았다고 한다. 도망치라고 이야기하는 사람들도 있었지만 잘못한 것이 없는데 왜 도망치냐고 이야기했다고 한다.

그리고 한 달 후인 1950년 6월 25일 새벽, 집에 열 명 가까운 군인들이 들이닥쳤다. 북한은 단지 남한에 대해서만 전쟁을 시작한 것이 아니었다. 북한 안에 있던 적들에 대해서도 전쟁을 시작했다. 그날 끌려간 할아버지에 대해 누구도 감히 소식을 알아볼 엄두를 내지 못했다. 전쟁으로 지역 분위기도 바뀌었다. 배공청산단 사건 이후에 잡혀가지 않고 남아있던 당원들이 모두 처벌 대상이 되었다. 얼마 전까지 웃고 떠들던 같은 동네 사람들이 '반동분자'를 색출해서 자아비판을 시키고 인민재판을 했다. 우리 집안은 명백한 반동인 할아버지를 두었다는 죄로 비판의 대상이 되었고 죽은 사람도 있었다.

10월 2일 UN군이 원산에 상륙했고, 17일에는 국군과 UN군이 함흥을 수복했다. 아버지는 당시 그 군인들을 맞아 태극기를 흔들던 할머니가 한없이 울었던 기억을 아직도 회상한다. 수복 이후 할머니가 할아버지의 시체를 발견한 곳은 덕산의 니켈 광산이었다. 그곳에서만 6,000구 이상의 시체가 발견되었다. 이들은 퇴각하는 인민군에 의해 학살당했던 것으로 알려졌다. 할아버지는 6월 25일에 끌려간 후 10월이 되기까지 죽지 않았고, 인민군이 퇴각하면서 학살 대상에 포함된 것이다.

친미 반공, 아버지의 삶

전황은 시시각각 변했다. 이번엔 중공군이 투입되었고 인해전술이 시작되었다. 서부전선을 담당하던 미8군이 중공군에게 대패했고, 동부로 치고 올라오던 미 제1해병사단도 장진호에서 중공군에 포위되어 사실상 전멸했다. 각종 중화기와 항공 지원은 개마고원의 산세에서 큰 역할을 하지 못했고, 미군이 한 번도 겪어보지 못한 추위는 중공군보다 더 무서운 적이었다.

함흥 수복에서 불과 한 달도 되지 않은 시점, 미군은 흥남으로 철수해 해상으로 퇴각하라는 명령을 내렸다. 동부에 있던 미 10군단 전 병력이 흥남으로 집결했고, 해상을 통해 부산으로 철수를 시작했다. 이른바 '흥남 철수 작전'이다. 미군이 철수하는 것을 본 수 만 명의 사람들이 같이 남쪽으로 내려가겠다고 몰려들었다. 한반도에 국가가 탄생한 이후 한 번도 잘 살았던 적이 없던 함경도는 일제강점기 공업 중심지가 되었고, 해방 이후 북한 정권 하에서도 함흥-흥남은 평양에 이은 제2도시 역할을 한다. 잘 사는 곳이고 평양을 중심으로 한 공산당의 세력은 상대적으로 적은 곳이기에, '배공청산단'이 상징하듯 공산당에 적대적인 사람들이 많았다. 이들이 공산당 지배지역을 벗어나 남쪽으로 피난을 떠나려고 한 것이다.

이미 돌아가셨지만 할아버지는 반동분자 중에서도 표적이 되는 인물이었다. 당연히 가족들이 위험했으리라. 할머니는 다른 친척 집에 간 첫째 아이를 찾을 생각도 하지 못하고, 당시 데리고 있는 아이 셋을 데리고 흥남부두로 향했다. 수많은 인구가 이미 그 곳에 있었고, 나를 데려가라고 아우성쳤다. 처음에 미군은 피난민을 데려가기 원하지 않았다. 병력과 장비, 물자를 싣는 데만도 수송선이 넉넉하지 않았기 때문이다. 그러나 한국군 지휘관들의 설득, 그리고 10군단 사령관 통역이었던 현봉학 박사의 설득, 무엇보다 미군의 결단으로 병력과 장비를 싣고 남는 자리가 있으면 피난민을 태우기로 한다. 그리고 10만 명의 피난민이 홍남 부두에서 배를 타고 남으로 피난을 오게 된다.

이들이 처음 도착한 곳은 거제도였다. 거제도 인구만큼의 피난민들이 거제도에 도착한 것이다. 이들은 거제도에 남기도 했고, 다른 지역으로 가기도 했다. 특히 많이 간 곳이 부산이다. 부산 문화에는 함경도 출신 피난민 문화가 짙게 묻어 있다. 부산을 대표하는 음식 하면 생각나는 '돼지국밥'이나 '밀면'이 모두 함경도 음식이다. 문재인 대통령을 비롯한 수많은 사람들이 이런 피난민들의 자손이다.

전쟁이 끝난 후 몇 년 뒤, 사망한 배공청산단 단원의 가족들을 위해 국가가 나서 '모자원'이라는 달동네를 조성하고 집을 지어 주었다. 현재 '힐스테이트 상도센트럴'이라는 아파트가 위치해 있는 곳이다. 할머니를 비롯한 가족들은 그렇게 서울로 올라왔다. 2000년대 중반 개발되어 아파트가 들어서기 전까지 모자원 달동네에는 배공청산단 단원의 가족들이 살았다.

몇 년 뒤 5.16 쿠데타가 일어나고 박정희가 정권을 잡았다. 1969년 10월, 남한에 보존되어 있던 '배공청산단' 단원 중 이름이 확인된 180명의 이름을 적어, 효창공원에 '북한반공투사위령탑'이 세워진다. 할아버지도 180명 중 하나였다. 피난 이후 제사나 차례를 지내지 않던 우리 가족은 반공투사위령탑이 생기고 비로소 성묘를 할 수 있게 된다. 180명의 가족들이 탑 앞에서 돗자리를 깔고 음식을 차리고 절을 하고 기도를 하고 찬송을 부르던 광경이 나의 뇌리에도 강렬하게 박혀 있다.

아버지는 그 시대 인물로는 좀 특이해서 모자원 달동네에서 자랐지만 굳이 그림을 그리고 싶어 했고, 당신이 하고 싶은 일을 하면서 평생을 사셨다. 당시 홍익대를 다닐 정도면 나름 엘리트였고 다양한 사상과 철학에도 노출되었다. 그리고 그 내용들을 이해할 지성도 가지고 있었다. 그러나 한 가지 분명히 깔려 있는 것은 '미국에 대한 고마움'과 '공산주의에 대한 증오'였다.

보수주의(자)는 무엇인가

아이들이 부모의 정치적 견해를 따라가는 것은 어느 정도 자연스러운 일이다. 부모의 정치적 견해와 사상이 아이가 평생 세계를 인식하는 틀이 되는 경우도 많다. 다만 부모의 견해를 반박하고 그로부터 벗어나려는 시기도 분명히 온다. 마치 병아리가 알을 깨고 나오듯, 부모의 견해가 옳고 그르냐는 그다지 중요하지 않다. 중요한 것은 모든 자식은 결국 부모의 견해를 어떻게든 반박하고 (다시 자기 견해로 만들더라도) 이겨내는 과정이 있다는 것이다.

나는 어릴 때부터 자연스럽게 아버지의 생각에 익숙했다. 아버지는 40년대 초반생 치고는 대단히 자유로운 성격이었고 평등한 토론이나 대화법도 좋아했다. 그러나 '일제강점기에 태어나, 북한에서 자랐고, 남한에서 온갖 고생을 하며 살아온 산업화 세대'가 당신의 본질이었기에 중요한 시점에서는 당대의 윤리관이 등장했다. 무엇보다 미국에 대한 고마움과 공산주의에 대한 증오, 이 두 가지는 모든 생각에 앞서는 당연한 전제였고, 나 역시 자연스럽게 그렇게 생각하며 살아왔다.

아버지뿐 아니라 반공투사 할아버지의 존재도 내 생각에 큰 영향을 미쳤다. 어릴 때부터 듣고 자란 할아버지의 이야기는 마치 영웅담처럼 느껴졌고, 남들처럼 산소가 아닌 '위령탑' 앞에서 차례를 지낸다는 경험도 무언가 특별했다. 반공투사위령탑 앞에는 '나라의 통일 독립과 겨레의 자유 발전을 위해 이 한몸 바치시다'라는 말이 적혀 있는데, 나는 어릴 적부터 막연히 통일, 독립, 자유, 발전이라는 네 단어가 아주 중요한 것처럼 느꼈다. 아직도 내 책상에는 이 네 개의 단어가 붙어 있다. 통일, 독립, 자유, 발전… 보수주의의 입장에서 세상을 바라보는 내게 이 네 가지는 중요한 가치로 남았다.

할아버지와 아버지의 영향이 나를 보수주의로 이끈 것은 맞지만 가족사가 보수주의자로서 나의 기원을 다 설명하지는 못한다. 그보다는 보수주의자의 조건에 대해 이야기하는 아래의 대답이 더 설득력이 있을 것이다.

보수주의자의 첫 번째 조건은 역사와 전통에 대한 존중이다.
사전에서 보수주의를 찾으면 '급격한 변화를 반대하고 전통의 옹호와 현상 유지, 점진적 개혁을 주장하는 사고방식, 또는 그런 경향이나 태도'라고 나온다. 지금까지 존재했던 것에 대하여 신뢰하고 전통을 존중하는 태도가 보수주의의 가장 중요한 부분이다. 지금 내가 살고 있는 이 나라와 이 조건이 그냥 하늘에서 떨어진 것이 아니라, 소중하고 의미 있으며 존중받을 가치가 있다고 인정하는 것이 보수주의다.

그런 의미에서 한국의 보수주의자는 박정희에 대해 긍정적인 평가를 하기 쉽다. 박정희가 정치적으로 독재였고 여러 문제가 있었다는 점은 인정한다. 하지만 이는 후진국이었던 한국이 발전하기 위해서 필요악이었다. 한국이 발전하는 데 있어 박정희의 리더십이 큰 기여를 한 것은 분명하다. 물론 실제로 발전된 성과를 일군 것은 국민들이지만, 리더십의 역할은 부인할 수 없다. 그렇다고 박정희 이후에 박정희와 비슷한 리더십이 필요한 것은 아니다. 아이가 처음에 모유를 먹고, 이어 이유식, 그리고 밥을 먹듯이 국가 역시 발전 단계에 따라 그에 맞는 정치적 리더십과 경제 구조가 있을 것이다. 비유하면 박정희 리더십은 이유식과 같은 것이어서 훌쩍 자란 대한민국에는 어울리지 않을 수 있다. 과거의 업적을 존중하고 그 뜻을 이어받으려 노력하는 것과 박정희가 했던 것과 다른 방식을 사용하는 것은 완벽히 양립 가능하다.

미국에 대한 생각도 마찬가지다. 미국은 대한민국이 생겨나고 성장하는 데 가장 결정적인 기여를 한 나라이고, 6.25 전쟁 때도 우리나라에서 많은 피를 흘렸다. 비록 미국이 자신의 이익을 위해 그런 일을 했을지 몰라도 수혜를 입은 사람들로서 그 가치를 존중하고 인정하는 것이 보수주의자의 태도라고 생각한다. 그리고 미국이 문제가 있다고 해도 역사상 가장 관대한 제국이라는 점 역시 사실이며, 미국이 중요하게 여기는 민주주의와 시장경제라는 가치는 인류가 그 동안 발견하고 추구한 이념 중 가장 설득력 있고 안정적이며 윤리적인 가치라고 생각한다. 다만 아이가 자라 부모를 부정하고 이후 부모와 다시 관계 설정을 하듯, 대한민국도 발전하는 과정에서 미국을 부정하는 단계가 있고 그 이후 좀 더 성숙한 관계 설정이 필요하다. 미국을 무작정 숭앙하는 것은 아직 어른이 되지 못하는 아이의 행태와 같다.

북한에 대해서는 어떠할까. 실용적으로 볼 때 북한은 우리가 관리해야 할 리스크면서 동시에 우리가 성장할 수 있는 기회라 할 수 있다. 통일, 공존, 적대 등 어떤 대응도 그 관점에서 생각해야 한다. 그러나 보수주의적으로 보면 전쟁을 저질러 동족상잔의 비극을 일으켰던 점은 비난받아 마땅하고, 지도자에 대한 종교적 숭앙은 우리 사회에도 위협이 될 수 있는 행위이며, 결과적으로 인민들을 굶게 만든 것은 실패한 정치라 할 수 있다. 진정한 보수주의자라면 북한의 문제와 비극을 그대로 인정하는 태도를 보일 것이다.

하지만 대한민국의 모든 문제에 북한을 가져다 붙이는 것은 보수주의와 아무런 상관도 없다. 대한민국과 북한의 국력 차이를 생각하면 대한민국 정치인들 다수가 북한의 간첩이거나 지령을 받는다는 것은 현실적이지 않고, 오히려 우리 내부 공격을 위해 이용될 가능성이 더 높은 문제적 행동이다. 물론 '종북주의자'들이 실제 존재하는 것도 사실이고 그건 그것대로 기괴한 일이다. 하지만 자신과 견해가 다르다고 다른 사람들을 종북주의자 또는 '빨갱이'로 정의하는 것은 실제 간첩의 존재보다 더 우리 사회를 위협하는 행위에 가깝다.

한 발 더 나아가면, 이승만과 박정희의 성과를 인정하는 것만큼이나 민주화를 자리 잡게 한 정치인들—김영삼, 김대중, 노무현—의 성과를 인정하는 것도 보수주의적 태도라고 생각한다.

중국의 예에서 볼 수 있듯 아무리 경제적으로 발전했다 하더라도 정치적으로 민주화되지 않은 국가라면 세계적으로 선진국이라 인정받지 못한다. 세계를 휩쓰는 K-문화의 기반은 결국 우리가 민주화된 국가이기에 가능한 것이다. 우리라면 독재자가 종신 집권하고 딸에게 정권을 물려주는 국가, 군사쿠데타로 정권이 늘 엎어지는 국가의 문화를 열심히 소비할지 생각해보면 바로 답이 나온다. 게다가 민주화는 경제 성장에 큰 도움이 된다. 권위주의 국가를 WTO 체제 안에 들어가게는 할 수 있을지 모르지만, FTA를 체결하기는 쉽지 않다. 권위주의 국가는 강건해 보이지만 하나의 작은 점에 권력이 모여 있는 특성상 그 점이 없어지거나 제거될 경우 이상하리만치 쉽게 붕괴될 수 있기 때문이다. 놀랍게도 난장판으로 보이는 민주주의 국가가 일사불란해 보이는 권위주의 국가보다 더 안정적이다. 안정적인 국가는 좀 더 투자를 많이 받을 수 있고, 외국 기업들이 진출하기 쉬우며, 글로벌 공급망 안에 들어가는 데 유리하다. 실제로 김대중/노무현 정부 당시 사회가 좀 더 개방된 것 뿐 아니라 경제 위기가 극복되고 한국 시장경제가 좀 더 발전했다는 점을 인정해야 한다.

보수주의자의 두 번째 조건은 애국심/국가에 대한 고마움이다.
내가 태어난 시절보다 지금의 대한민국은 훨씬 더 많이 발전했다. 내가 어릴 때도 밥을 굶지는 않았으나, 지금은 훨씬 더 많이 다양한 경험과 도전을 할 수 있고, 훨씬 더 많은 것을 누릴 수 있다. 나는 대한민국에 태어나 급격한 발전의 과실을 맛보았고, 제대로 된 고등교육을 받았으며, 좋은 스펙도 갖출 수 있었다. 만약 내가 100년 전의 대한민국에 태어났다면 절대 불가능한 일이었을 것이다. 동시대라고 해도 발전 정도가 낮은 나라, 예컨대 예멘 정도에 태어났다면 이런 발전의 경험과 풍요를 누릴 수 없었을 것이다. 심지어 선진국이라 하더라도 부자가 아닌 사람으로 태어났다면 이만큼 발전을 누릴 수도 없었을 것이고, 어쩌면 과거의 모습을 추억하는 것으로 매일을 보냈을 수도 있다.

변호사라는 직업, 이를 가능하게 했던 공교육과 사교육 등 내가 가진 교육 수준과 스펙 등은 가족의 후원과 보호 덕분이지만 더 중요하게는 발전하고 있는 대한민국이라는 나라여서 가능한 것이었다. 뿐만 아니라 육체적 건강함, 특별히 비뚤어지지 않은 성격 등 '당연히 내가 가지고 있는 것'으로 인식할 만한 모든 것들 역시 내가 대한민국에서 태어나지 않았다면 갖추기 어려운 것이다. 동일한 1982년생이라 해도 내가 중국이나 인도, 혹은 같은 한반도의 북쪽인 북한에서 태어났다면 나는 위의 것들을 경험하거나 그 가능성을 가질 수 없었을 것이다.

그런 점에서 나는 이 나라에 감사한다. 그리고 보수주의자라면 당연히 그 감사를 느껴야 한다고 생각한다. 내가 가진 것이 나의 재능이나 능력으로만 비롯된 것이 아니라, 국가와 수많은 사람들의 노력에 의한 것임을 깨닫는 것이야말로 보수주의자의 자격이라 생각한다.

그러나 과연 우리나라의 자칭 보수들은 정말 애국심을 가지고 있을까? 주변에 많은 친구들로부터 '우리나라는 답이 없어, 나는 이민 갈 거야'라는 이야기를 듣는다. 삶이 힘든 사람들이 아니라 오히려 대한민국에서 충분히 누릴 것을 누리고 살아온 사람들이 이런 이야기를 하는 경우가 많다. 특히 의사들이 그러하다. 윤석열 정부의 전공의 사태 이후 저런 감정이 드는 것은 이해한다.

하지만 그 이상은 곤란하지 않을까. 자신의 능력을 알아주는 다른 나라—특히 미국—로 '탈조선'한다는 이야기를 공공연히 하는 사람들이 정말로 많다. 본인이 가는 것을 넘어 남들에게 권유하고 '탈조선'이 정당하고 좋은 일이라고까지 이야기한다. 애국심을 논하는 사람들이 오히려 촌스러운 사람처럼 느껴진다. 이런 '탈조선' 담론에는 진보나 보수 진영 어디고 차이가 없다. 미국의 금융 시스템이나 미국 의사들의 높은 소득수준을 찬양하는 자칭 보수들을 볼 때마다 그 징징거림에 구역질이 난다.

자칭 보수들이 말하는 탈조선 담론은 결국 내가 가진 능력은 이만큼 대단한데 이 나라는 그만큼의 대가를 주지 못하니 도망치겠다는 것이다. 더 많은 돈을 벌고 싶고 더 나은 삶을 살고 싶다면 미국이건 어디건 떠나도 된다. 반드시 국가에 부채감을 느낄 필요는 없다. 그러나 자기 행동을 정당화하려고 소리 높여 외치는 일은, 적어도 보수주의자의 입장에서는 부끄러운 일이다. 가령 축구 구단이 어린 선수에게 많은 돈과 시간을 들여 육성에 성공한 뒤 그 선수가 다른 구단으로 이적하며 많은 돈을 버는 것은 축하할 만한 일이다. 그러나 적어도 원 구단과 그 팬들에게 감사 표시 정도는 하는 게 윤리적이다. 소속 구단이 답이 없다고 빨리 도망치라고 하고 여기에 반박하는 이들을 비웃는 것은 윤리적이지도 않고 정당하지도 않으며 보수주의자의 태도는 더더욱 아니다.

대학 시절, '미선이, 효순이 시위'에 나가면서 미군 철수를 외쳤던 형들이 카투사에 가는 것을 보고 역겨운 기분이 들었던 적이 있다. 돌이켜 보면 꽤나 편협한 판단이었다. 적어도 그들은 카투사를 자랑스러워하면서 가거나, 카투사를 안 가는 놈들은 바보라고 비웃지는 않았기 때문이다.

보수주의자라면 달라야 한다. 그리고 나는 다르고 싶다. 이 나라는 반공투사 할아버지의 피로 만들어진 나라이고, 아버지의 노력으로 만들어진 나라이며, 나의 두 딸이 살아갈 나라다.

나는 유례없이 급속히 성장한 대한민국에서 자라왔기에 그 성
장의 과실을 누렸다. 그 어떤 나라에서 태어났어도 이만큼 성장
하는 경험을 하기는 어려웠을 것이다. 나는 그 사실에 감사한다.

　건강한 애국심은 현실주의 외교감각의 바탕이기도 하다. 어
느 나라에나 외교는 중요하겠지만, 바로 주변에 미국, 중국, 러
시아, 일본을 두고 있는 지정학적 위치의 한국에게는 생존의 문
제 그 자체다. 그렇기에 미국에 대한 고마움을 표하고 그들의 공
을 인정하는 것과 별개로 현실주의적이고 실용적인 외교는 반드
시 필요하다. 어디까지나 조국의 생존과 발전이 더 우선이며, 이
념을 이유로 특정 국가의 (그것이 어떤 나라이건) 편을 드는 일은 위
험할 수도 있다. 보수주의자라면 애미심이나 애중심보다 애국심
이 앞서야 한다.

보수주의자의 세 번째 조건은 시장경제에 대한 믿음이다.
지금 우리가 살고 있는 이 자유 시장경제는 인간의 본성에 맞는
유일한 제도라고 생각한다. 이를 막으려고 하면 더 큰 문제를 가
져온다. 과도한 개입은 시장의 왜곡을 부르고 결국 사회의 효용
을 감소시킨다. 따라서 개인이 부에 대한 욕심을 토대로 사회의
효용을 증가시킬 수 있도록 국가가 도와야 한다. 높은 세율은 낮
추고, 시장이 잘 돌아가게 하는 것에 정부 역할을 한정해야 하며,

규제는 줄일 수 있을 만큼 줄여야 한다.

하지만 정부만이 할 수 있는 일들이 있고 이것은 국가가 적극적으로 해야 한다. 개인이 정당한 링 안에서 최대한 노력하여 창의성을 발현하고 혁신할 수 있도록 도와야 하지만, 불법적인 방법으로 다른 사람들의 자유를 침해하고 사회의 효용을 감소시킨다면 이는 당연히 막아야 한다.

특히 문제되는 것이 독과점이다. 독과점은 명백히 시장경제의 적이다. 독과점이 발생하면 소비자는 일반적인 수준보다 높은 가격으로 제품을 구매할 수밖에 없고, 소비자 잉여는 줄고 생산자 잉여가 늘어나며, 기업은 발전보다 지대(rent)를 추구하게 되어 사회적 후생이 감소한다. 경제학의 기초에 해당하는 내용이다. 가령 음식 배달앱이 돈을 버는 것은 혁신을 통해 소비자와 식당이 쉽고 편하게 연결된 만큼 그 정당성을 가진다. 그런데 배달앱이 독점적 지위를 가지고 이를 토대로 소비자와 식당을 연결하면서 일정 비율 이상의 돈을 버는 것은 명백히 지대 추구(rent seeking)에 가까운 행위다. 당연하지만 소비자 후생은 감소한다. 선진국일수록 이렇게 사회적 후생을 감소시키고 혁신을 막는 독과점에 대해 강력하게 대응하는 반독점법을 가지고 있다. 시장경제의 발전을 위해서라면 미국처럼 때로는 무자비하게 반독점법 등을 행사해 기업을 분할하는 식의 극단적인 조치도 취해야 한다. 친기업 입장이라며 독과점 행위나 이보다 더 나아간 불법 행위까지 옹호하고 이에 대한 비판을 좌파나 빨갱이, 반시장주의로 모는 것은 보수와 아무런 상관이 없다.

보수주의자의 마지막 조건은 헌법과 법률에 대한 존중이다.

나 스스로 법률가라는 직업 때문에 오히려 마지막에 넣었지만 헌법과 법률에 대한 존중이야말로 보수주의자의 가장 중요한 요건 중 하나다. 헌법과 법률은 과거 사람들이 지키기로 합의하고 약속한 '전통' 내지는 '약속' 그 자체이기 때문이다.

그런 점에서 대한민국이 중국 간첩들에 의해 위기에 처해 있고 부정선거가 이루어졌다는 망상으로 요건도 지키지 않은 계엄을 하는 것은 헌법과 법률을 전혀 존중하지 않는 태도다. 윤석열의 계엄을 보면서 의아한 부분이 몇 가지 있었는데 그 중 가장 의아한 것은 국회에서 계엄 해제를 의결하자 몇 시간 뒤 그 의결에 따라 계엄을 해제한 일이다. 정말 윤석열이 부정선거를 믿고 (중국이나 북한의 공작에 의하여) 국회의원들이 부정하게 선출된 사람들이라 생각했다면, 부정하게 선출된 국회의원들의 의결은 대체 왜 따른 것일까? 정말 본인 말대로 부정하게 선출된 의원들이 한 의결이라면 그 의결을 따르는 것 역시 '간첩의 공작'에 따르는 행위가 될 것이다.

이 부분을 잘 생각해보면 논리적으로 두 가지 경우의 수가 가능하다. 사실 윤석열 스스로가 부정선거론을 믿지 않았다는 것(즉 사실은 국회의원의 선출에 별다른 문제가 없다고 생각한다는 것), 혹은 부정선거를 믿고 부정한 의결이라 생각하였음에도 계엄이 실패할 것 같으니 도망갈 구석을 만들었다는 것이다. 첫 번째라면 윤석열은 대한민국을 상대로 거짓말을 했던 것이고, 두 번째라면 부정하게 선출된 국회의원들에게 굴복한 겁쟁이이자 잘못된 행위의 방조자라는 사실이다. 그 어떤 경우에도 헌법과 법률을 존중하는 것과는 거리가 멀다.

그래서 나는 이재명을 지지한다

나는 보수주의자이기에 이재명을 지지한다. 그리고 앞에서 말한 보수주의자의 조건을 완벽하지는 않더라도 현재 시점에서 가장 잘 구현하고 있는 정치인이 바로 이재명이라고 생각한다.

첫 번째는 시장경제다.
이재명에 대해 처음 긍정적인으로 생각하게 된 것은 친한 자영업자 형님과 이야기하면서였다. 그 분은 경기도에서 작은 스시 집을 하는 분이었는데 '배민'이 가져가는 양이 나날이 늘어가서 힘들다는 이야기를 했다. 그러면서 몇 년 전 이야기를 해주었다. '배민'은 원래 별도의 수수료 없이 월 88,000원의 고정 광고비를 내면 앱 안의 특정 구역에 가게를 노출하는 방식을 사용했었다. 그러다 '요기요'를 운영하는 독일 회사가 인수하여 독점적 지위가 강화된 이후 매출의 5.8%의 수수료를 내야 노출이 가능하게 만들었다는 것이다. 코로나 이후 배달 손님이 매출의 큰 부분을 차지하게 되었는데 너무 많은 돈을 내야 하는 상황이 되어 절망했다고 한다.

그런데 그런 사실이 공론화되자마자 당시 이재명 지사가 신속하게 독과점의 횡포를 지적하고, 여러 정책을 내며 독점 기업의 세무조사를 추진하겠다고 이야기했다는 것이다. 당시 '배민'은 정책 철회를 결정했다고 한다. 그 분은 특정 커뮤니티를 좋아하고, 김대중과 노무현을 대단히 싫어하는 정치 성향을 가진 분이었는데도, 이재명이 자기를 살리고 나라를 살렸다면서 침을 튀기며 이야기했다.

우리나라는 독과점에 대해 큰 문제라 생각하지 않는 경향이 있다. 정부가 수출 대기업을 지정하여 독과점 상황을 만들어주는 방식으로 성장해온 결과이기도 하고, 또 정부와 기업이 손을 잡아 이윤을 추구하던 과거의 악습이기도 하다. 그래서 자유 시장경제를 보호하기 위한 반독과점 정책을 보수적 정책이 아닌 진보적인 정책이라 생각하기도 한다. 그러나 이는 잘못된 생각이다. 앞에서 이야기했듯 독과점은 명백히 시장경제의 적이며, 반독과점 정책은 보수적인 정책으로서 의미를 가진다.

　독과점에 대해 부정적인 입장을 표하고, 이를 극복하기 위해 노력한 정치인이 이재명 외에 또 있을까? 이재명의 업적으로 칭찬받는 행위들은 대부분 독과점 철폐와 연관이 있다. 계곡을 무단으로 점거하고 비싼 돈을 받는 상인들 역시 명백한 과점 상황이 소비자 후생을 감소시킨 예이고, 이재명은 여기에 철퇴를 날렸다. 배달앱이 독과점 지위를 바탕으로 배달앱에 수수료를 강요하는 상황에 대해서도 신속하게 문제를 제기하고, 경기도지사라는 직책 안에서 할 수 있는 최선을 다해 문제를 해결했다. 시의 공공공사 원가를 공개한 것 역시 자유 시장에서 투명하게 정보를 공개하여 사회적 효용을 증가시킨 예라고 할 수 있다.

　대한민국이 아직 경제적으로 성장하기 이전에는 박정희식 국가 주도 경제에서 특정 분야의 대기업을 선정하여 지원, 성장시키는 전략이 유효했을지 모른다. 하지만 이제 세계 10대 경제 대국이 된 대한민국에 필요한 것은 자유 시장경제 속에서 무한 경쟁을 하고 이를 통해 혁신을 이끌어나가는 것이다.

　자유 시장경제의 성장을 위해 필요한 것은 사회적 안전망을 만드는—가령, 공공의료를 확충하고, 기본적인 치안을 보장하며, 도산 제도를 활성화하고, 혁신을 위해 도전하다 도산하는 이들에 대한 복지를 확충하는—일, 그리고 독과점에 의해 시장이 왜곡된 상황을 해결하는 일, 성장할 가능성을 가진 기업에 대해 정부나 지자체가 적극적으로 지원하는 일, 그리고 수출이 주도하는 대한민국 경제의 특성을 반영해 실용적인 외교를 펼치는 일 등이 있을 것이다. 그리고 여기에 대해 이재명만큼 선명하게 자유 시장경제 친화적인 정책을 펴온 대선 후보는 적어도 내가 알기로는 없다. 이재명은 단순히 공약으로서가 아니라, 성남시장과 경기도지사로 있는 동안 규제를 줄이고 지원을 늘려 다수의 기업을 유치하고 일자리를 창출하고 독과점의 폐해를 극복하는 등 정확히 이 사회에 필요한 일을 해왔다.

두 번째는 국가의 이익, 국익이다.
이재명이 그 동안 했던 일들을 살펴보면 대단히 실용적이라는 것을 알 수 있다. '해병전우회'나 '대한노인회 성남지부'처럼 흔히 보수적이라고 여겨지는 지역 단체들이 그를 지지했던 것은 이재명이 '자칭 보수 인사'인 척해서가 아니다. 이재명이 그들의 이익을 위해 행동하고 지지를 이끌어냈기 때문이다. 그가 해왔던 일들을 보면 자신이 맡은 일을 수행하기 위하여 최선을 다하는 사람이었음을 알 수 있다. 이는 심지어 '사법 리스크'라는 이름으로 두고두고 그를 괴롭히는 '범죄' 사실들에서조차 그러하다. 앞의 글에서 살펴본 것처럼 '검사 사칭'으로 알려진 사건은 과거 이재명이 시민단체 대표를 할 때, 시장과 개발업체의 야합 사실을 밝히던 도중 그의 사무실에서 PD가 검사라고 이야기하여 취재를 했던 일에서 비롯된 것이다. 이와 관련된 일로 그는 여러 차례, 심지어 이십 년이 지난 지금까지도 다시 문제가 돼 재판에 넘겨져 있다. 그런데 이 내용을 잘 살피면, 그가 실제로 검사 사칭의 공범인지 여부와 별개로 그가 자신의 자리에서 최선을 다하여 거악을 막았음을 알 수 있다. 그가 의심받는 모든 일, 그가 성공했던 모든 일에서 그는 자기 자리에 맞는 최선을 다했고 결과로 입증했다.

외교도 마찬가지다. 사람들은 이재명이 대만에도, 중국에도 '쎼쎼'(쎼쎼가 아니라는 점에서 그가 중국어를 거의 못한다는 점을 알 수 있긴 하지만)라고 하자는 이야기를 두고 '친중'이라 쉽게 말하는데 이 세상에 어떤 친중이 대만에도 고맙다고 이야기하는가? 오히려 이 이야기는 실용적 외교를 이야기하는 명백한 사례다. 국익에 도움이 되지 않는데도 철 지난 이념 때문에 중국을 적개시하지 말고, 실용적 외교를 하자는 이야기인 것이다.

어떤 사람들은 이재명을 종북주의자라고 이야기하지만 이

재명은 그 흔한 NL 운동권 이력과 무관한 사람이고, 소년공으로 일해 왔으면서도 노조 경력조차 없는 사람이다. 이재명의 대북 정책은 오로지 실용주의, 대한민국의 국익을 위한 외교라고 정리할 수 있다. 철 지난 이념에 매달려 특정 국가를 비난하는 일보다, 실용적 외교가 더 대한민국의 국익에 부합하지 않는가?

나는 보수주의자로서 국익을 가장 중요한 것이라 생각한다. 그리고 이재명의 지난 행적을 볼 때 이재명은 실용적으로 국익을 실현해 나갈 사람이라 생각한다.

이재명의 삶을 보면 마치 산업화 세대의 아버지처럼 열심히 일했고, 열심히 공부해 성장했으며, 자신이 맡은 역할에 최선을 다했다. 그래서인지 이재명은 징징대지 않는다. 자신이 가진 것을 당연하다 생각하고 징징대며 탈조선을 외치는 그런 사람이 아니다. 자신의 삶으로 어린 시절부터 모든 것을 쟁취해왔던 사람이다.

이재명은 윤석열 대통령 같은 '부잣집 도련님'이 아니다. 나는 윤석열 대통령의 행동을 이해할 수 없었는데 '부잣집 도련님의 징징댐'이라고 생각하면 그의 모든 행동을 해석할 수 있다는 것을 깨달았다. 계엄을 왜 시도했는지, 계엄에 실패한 후 왜 자신이 모든 것을 책임지는 행동을 하지 않았는지, 왜 오랫동안 집에 틀어박혀 외부와 아예 접촉하지 않았는지, 왜 비논리적인 핑계를 대고 있는지 등등에 '징징댐'이라는 이유를 대입하면 아귀가 맞는다. '내가 하려고 하는데 왜 자꾸 반대를 하냔 말이양', '왜 내가 국회에 들어왔는데 박수도 안 쳐주냐는 말이양', '나는 슬픈데 왜 자꾸 나오라고 하냔 말이양'.

　미중 갈등, 러시아의 전쟁 상황 등 언제 한반도와 동북아에서 전쟁이 일어날지 모르고, 경제적 위기 상황에 닥쳐있는 대한민국을 더 이상 징징대는 도련님에게 맡겨둘 수는 없다. 어릴 때부터 스스로 극복하고 증명해온 사람, '이재명은 합니다'라고 말하고 실행하는 사람, 그 어떤 고난도 오직 스스로의 힘으로 뚫고 온 사람, 대한민국에는 이런 대통령이 필요하다.

세 번째는 과거에 대한 존중이다.

《내 무덤에 침을 뱉어라》라는 책이 있다. 보수를 대표하는 조갑제 기자가 박정희에 관해 쓴 책이다. 나는 이 말이 멋지다고 생각하고, 그런 태도를 가진 리더의 가치를 존중한다. 확고한 실행력을 가지고 자기 일을 하는 사람, 그래서 때로 악명이 높아지고 정치적, 법적 책임을 지더라도 본인이 이를 짊어지겠다는 자세 아래 국가를 위해 옳다고 생각하는 일을 묵묵히 하는 사람. 국가가 위기일수록 이런 정치인이 필요하다. 박정희가 경부고속도로를 짓고 새마을운동을 하면서 많은 희생이 있었고 부작용도 있었다. 그러나 경부고속도로와 새마을운동 없이 현재의 대한민국이 가능했을까?

나는 보수주의자로서 박정희 리더십의 긍정적인 부분을 가진 리더가 필요하다 생각한다(박정희의 모사품이 아니라 그의 리더십의 긍정적인 부분만이라는 점이 중요하다). 그리고 2025년의 대한민국에서 이재명이 그런 점을 가장 많이 가지고 있는 리더라고 생각한다. 그를 비난하는 사람 그 누구도 이재명이 실행력이 부족하고 무능하다고 욕하지 않는다. 변호사로서, 시민단체 대표로서, 시장으로서, 경기도지사로서, 당대표로서 이재명은 자신에 대한 모든 비난과 칼을(심지어 물리적 칼조차) 정면으로 맞았고, 그에 대해 책임지면서 결과로 증명했다. 또 이재명은 많은 검사 출신 정치인들이 구사하는 화법처럼 '너는 잘났냐'는 식으로 자신에 대한 비판에 상대방을 깎아내리면서 그 비판을 피해가는 비겁한 화법을 구사하지 않는다.

나는 또한 민주화의 전통 역시 우리의 소중한 과거이자 유산으로서 존중되어야 한다고 생각한다. 김대중-노무현 정신을 계승하는 정당인 민주당에서 박정희의 긍정적인 부분을 가지고 있는 후보가 나온다고 상상해보라. 당연히 그 사람을 지지하는 일은 선진국에 이르는 대한민국의 중요한 양대 흐름, 산업화와 민주화의 모든 역사를 긍정하는 일이 아니겠는가? 게다가 소년공부터 대통령 후보에 이르기까지 성공한 그의 삶은 이 모든 과거를 아우르는 힘이 있다.

마지막으로 입헌주의와 법치주의다.

마지막 내용은 아주 간단하게 정리할 수 있다. 불법 위헌적 계엄을 저지르는 자를 옹호하는 정당이나 정치 세력이 입헌주의와 법치주의를 논하는 것을 옹호하거나 그저 지켜보는 것은 절대 보수주의일 수 없다. 보수, 보수… 말로만 외친다고 보수가 아니다. 어떤 가치를 지키는지, 무엇과 싸우는지 정확히 말하지 않은 채 국가를 파멸로 이끄는 행위에 보수라는 이름을 붙여서는 안 된다.

나는 보수주의자로서 2025년 한국에서 이재명을 지지한다. 당연하지만 이재명은 완벽하지 않다. 그리고 대통령으로 선출된 후 어떤 대통령이 될지도 겪어보지 않고는 알 수 없다. 그러나 시장경제, 국익, 전통에 대한 존중, 법치주의 어떤 측면에서도 2025년 대한민국에서 이재명보다 더 보수주의자에게 매력적인 후보는 없다고 생각한다.

대한민국은 현재 위기에 처해 있다. 자영업자 폐업률, 카드 연체율, 대출 연체율 모두 IMF 이후 최악의 상태에 와 있다. 출산율은 바닥을 기고 있고, 청년들은 희망을 잃어 간다. 바깥 사정도 녹록치 않다. 트럼프 미 대통령 집권 이후 국제 정세는 요동치고, 언제 어떤 경제적 위기가 올지, 어떤 정치적 위기가 올지 아무도 알 수 없다. 당장 어딘가에서 전쟁이 일어나도 조금도 이상하지 않은 상황이다.

위기에는 실행력 있는 정치인, 위기를 극복할 수 있는 리더가 필요하다. 그리고 현재 대한민국의 상황에서 그런 리더에 가장 가까운 이는 이재명이라 생각한다. 할아버지의 피와 아버지의 노력으로 만들어진 이 나라의 존속과 번영을 위해, 나는 보수주의자로서 이재명을 지지한다.

박정희의 결단:
국민건강보험 도입

12년의 기적,
전 국민을 품다

윤석열 정부의
의료 정책과
의료 붕괴

한국
건강보험
제도의
빛과
그림자

chapter
08

'이재명 케어'의
가능성:

의료 붕괴
현실을 어떻게
개선해
나갈 것인가

'이재명
케어'를
기대한다

박정희의 의료보험과
윤석열의 의료 붕괴,
이재명의 의료 개혁

박기태

박정희에서 이재명까지

대한민국의 국민건강보험 제도는 세계적으로도 주목받는 성공적인 사회보장 시스템으로 평가받고 있다. 전 국민 의료보험 달성까지 걸린 시간이 독일의 100년, 일본의 36년에 비해 단 12년이라는 놀라운 속도로 이루어졌으며, 상대적으로 낮은 의료비 지출로 높은 수준의 건강 지표를 유지하고 있다. 이러한 성과의 시작점에는 박정희 정부의 결단이 있었으며 이후 수십 년간의 제도적 발전을 거쳐 오늘에 이르렀다.

　그러나 윤석열 정부 이후 한국의 의료 시스템은 전례 없는 위기에 직면해 있다. 먼저 수십 년간 누적된 문제가 있다. 의료 인력의 지역 간 불균형, 필수의료 분야의 전문의 부족, 고령화

에 따른 의료비 급증, 건강보험의 낮은 보장성 등 구조적 문제들
이 해결되지 않고 점점 더 심각해진 상태였다. 2024년 들어 윤
석열 정부의 의과대학 정원 증원 정책 추진 과정에서 의료계와
의 극심한 갈등이 발생하면서 이러한 문제들이 한꺼번에 수면
위로 떠올랐다.

박정희의 결단: 국민건강보험 도입

한국의 건강보험제도는 단순한 복지정책을 넘어 국가가 국민의
건강을 책임지는 사회보험 체계의 획기적인 전환점이자 개발도상
국 보건복지 시스템의 모범으로 자리매김하고 있다. 그 출발점은
1963년 박정희 정부가 국가재건최고회의를 통해 제정한 「의료보
험법」이었다. 처음 제정된 의료보험법은 '의료보험사업을 정부가
주관한다'는 조항이 없이 임의가입 방식이어서 유명무실한 채로
운영되었으며, 이후 1976년 1월 15일 연두 기자회견에서 박정희
대통령이 "모든 국민이 싼 비용으로 의료 혜택을 받도록 하기 위
한 국민의료제도를 확립하여 내년(1977년)부터 시행하겠다"고 밝
히면서 국민 대상의 의료보험이 처음 시작할 수 있었다.

　1977년 7월, 박정희 정부는 500인 이상 사업장 근로자를

대상으로 강제가입 의료보험 제도를 본격적으로 시행했다. 당시 한국 사회에서 질병은 곧 경제적 파탄으로 이어질 수 있는 심각한 위험이었으며, '무전유병 유전무병(無錢有病 有錢無病)' 즉 돈이 없으면 병들고 돈이 있으면 병이 없다는 말이 현실을 반영하고 있었다.

박정희 정부가 의료보험 도입을 결정하게 된 배경에는 복합적인 요인들이 작용했다:

우선은 정치적 동기로 유신 정권은 북한의 '무상 치료' 선전에 대응하고, 급격한 산업화 과정에서 누적된 노동자 및 도시 빈민 계층의 불만을 완화하며, 정권의 정당성을 강화할 필요성을 느꼈다.

경제적 동기도 있다. 고도 경제성장 과정에서 의료비 지출은 임금 상승률을 훨씬 웃돌아 가파르게 증가했고, 이는 가계 부담 가중과 노동 생산성을 저해하는 요인으로 작용했다. 안정적인 노동력 확보와 사회 안정을 위해서라도 의료 문제 해결이 필요하다는 인식이 확산되었다. 지속 가능한 경제 발전을 위해 의료보험의 도입이 필요한 상황이었던 것이다.

물론 의료보험 도입 결정은 순탄치 않았다. 경제 기획 부처 등 일부에서 재정 부담 등을 이유로 강하게 반대했으며, 담당 부서인 보건사회부(이하 보사부) 내에서도 신중론이 있었다. 1975년

초만 해도 보사부 내에서 의료보험 도입은 시기상조라는 인식이 적지 않았다. 결국 박정희 대통령의 최종적인 결단으로 제도 도입이 강행되었다. 당시 사회복지 정책이 미미했던 한국 사회에서, 그것도 흔히 보수적이고 권위주의적인 것으로 인식되는 박정희 정부가 이런 결정을 내린 것은 주목할 만한 일이다.

12년의 기적, 전 국민을 품다

1977년에 도입된 의료보험 제도는 몇 가지 중요한 특징을 가지고 있었다. 이는 빠르고 강력하게 의료보험 제도를 시작하면서도 저항이나 부작용을 최소화하기 위한 방안이기도 했다.

우선 적용 범위를 제한하고 점차 확대하는 방식을 택했다. 처음에는 500인 이상 대규모 사업장의 근로자와 그 피부양자, 그리고 공업단지 근로자만을 대상으로 했다. 이후 공무원 및 사립학교 교직원으로 확대되었지만, 여전히 농어민, 도시 자영업자, 영세 사업장 근로자 등 대다수 국민은 혜택에서 배제되었다.

재원 조달 방식도 초기 재원은 전적으로 가입자(근로자)와 사용자(기업)가 절반씩 부담하는 보험료에 의존했으며, 정부의 직접적인 재정 투입은 거의 없었다. 이는 정부 부담을 최소화하려는 의도였으나, 초기부터 재정 기반의 취약성을 내포하기도 했다.

가장 특별하고 중요한 것은 의료 공급 방식이다. 새로운 공공 의료 인프라를 구축하는 대신 기존의 민간 의료기관을 법적으로 강제하여 보험 진료를 담당하도록 하는 '요양기관 당연지정제' 방식을 채택했다. 이는 제도 도입 비용과 시간을 절약하기 위하여 어쩔 수 없는 것이었다. 다만 민간 의료기관에 대한 공적 통제력 확보 문제와 공공의료 시스템 부재라는 구조적 문제, 즉 이후 한국 건강보험제도의 가장 본질적인 문제를 낳은 부분이기도 했다.

이러한 초기 설계는 정치적·경제적 현실을 반영한 것이었다. 정부 부담을 최소화하면서도 국민 건강을 보호하는 장치를 마련하려는 의도가 담겨 있었지만, 이로 인해 태생적인 한계를 안고 출발할 수밖에 없었다.

1977년 직장의료보험의 도입 이후 정부는 정책 추진력을 바탕으로 급속하게 적용 대상을 확대해 나갔다. 1979년에는 공무원과 사립학교 교직원으로 확대되었고, 적용 사업장 기준도 300인 이상, 100인 이상 등으로 단계적으로 완화되었으며, 1988년 7월에는 5인 이상 사업장까지 직장의료보험 적용이 확대되었다. 특히 행정적, 재정적 어려움 속에서도 의료보험의 사각지대에 있던 자영업자 및 농어촌 지역 주민을 대상으로 한 지역의료보험이 추진되었으며, 1988년 농어촌 지역 주민을 시작으로 1989년 7월에는 도시 자영업자까지 포함됨으로써 마침내 전 국민 건강보험제도가 완성되었다. 이러한 확대는 국민의 고용 형태나 경제활동 참여 여부와 무관하게 '건강보험의 보편적 적용'을 실현하려는 정책 의지의 산물이었다. 이 과정에서 1987년 6월 민주항쟁이후 민주화 요구 증대와 노동운동 활성화 등 사회·정치적 변화가 제도 확대에 중요한 추동력이 되었다.

이 시기에는 각 지역별, 직종별로 수많은 독립된 의료보험조합이 설립되어 운영되었다. 분립되어 운영되던 수많은 의료보험조합들은 재정 규모, 관리 능력, 가입자 구성 등의 차이로 인해 보험료 부담과 급여 수준에서 불균형을 초래했고, 관리 운영의 비효율성 문제도 제기되었다. 이에 2000년, 김대중 정부는 직장가입자 조합, 공무원 및 교직원 조합, 지역조합을 모두 통합하여 국민건강보험공단(NHIS)이라는 단일 보험자를 출범시켰다. 동시에 진료비 심사 및 평가 기능을 담당하는 건강보험심사평가원(HIRA)도 설립하였다.

독일이 전 국민 의료보장을 달성하는 데 100년, 일본이 36년이 걸린 것과 비교할 때, 의료보험 실시 12년 만에 전 국민 보장을 이룬 한국의 성과는 세계적으로 유례없는 기적이라 할 수 있다. 이는 '건강보험을 통한 사회적 연대'를 제도화하는 전기를 마련한 것이며, 아시아 국가 중에서도 가장 빠른 속도로 사회보장제도를 구축한 사례로 평가받고 있다.

한국 건강보험제도의 빛과 그림자

박정희 정부가 의료보험을 도입한 사실은 흔히 박정희를 보수적 지도자로 규정하는 시각과 모순되는 것처럼 보일 수 있다. 그러나 이는 보수주의의 본질에 대한 오해에서 비롯된 것이다. 진정한 보수주의는 단순히 시장 원리만을 강조하거나 사회적 약자를 외면하는 것이 아니라, 사회의 안정과 지속가능한 발전을 위해 필요한 안전망의 구축을 중시한다.

보수주의는 전통적으로 질서, 안정, 지속가능성, 공동체의 가치 보존을 핵심 이념으로 삼아왔다. 이러한 보수주의 철학은 단기적 효율성과 시장 논리를 중시하는 신자유주의와는 명확히 구별된다. 신자유주의가 의료를 포함한 사회 서비스의 시장화를 추구하는 데 반해, 보수주의는 오히려 국가 주도의 체계적 계획과 제도적 안정성을 강조한다. 즉, 체계를 무너뜨리지 않고 점진적이고 지속가능한 개혁을 통해 사회의 기반을 유지하려는 것이 보수주의의 본질적 지향점이다.

박정희는 강력한 국가 주도의 경제 발전 전략을 추구하면서도, 이러한 발전의 과실이 어느 정도 국민에게 돌아가야 한다는 점을 인식하고 있었다. 특히 의료와 같은 기본적인 서비스에 대한 접근성이 보장되지 않는다면, 국민들의 건강 악화로 인한 생산성 저하, 사회 불안 증가, 그리고 체제에 대한 불만으로 이어질 수 있음을 경계했다.

따라서 의료보험 도입은 단순한 복지 정책이 아니라, 국가 발전을 위한 전략적 선택이자 사회 통합과 국가 안보의 차원에서 이루어진 결정이었다. 이는 개인의 건강을 보장하는 의료 시스템이 보수가 꿈꾸는 진정한 자유 경쟁과 성장의 든든한 토대임을 보여주고, 보수적-권위적 리더인 박정희가 이를 인식하고 있었다는 점을 알려준다.

결과적으로 한국은 다른 OECD 고소득 국가들에 비해 국내총생산 대비 의료비 지출 비중이 상대적으로 낮은 수준을 유지하면서도, 평균 기대수명 등 주요 건강 지표에서는 양호한 성과를 보여왔다. 특히 투입 비용 대비 건강성과를 고려할 때 한국 보건의료 시스템의 효율성은 국제 비교 연구에서도 긍정적으로 평가받는다.

의료보험 제도는 사회 연대 강화 및 소득 재분배 효과 측면에서도 훌륭하다. 건강보험은 질병이라는 사회적 위험에 공동으로 대응하는 사회 연대(Social Solidarity)의 가치를 구현한다. 소득 수준에 따라 보험료를 차등 부과하고 필요에 따라 균등하게 급여를 제공함으로써, 고소득층에서 저소득층으로, 건강한 사람에게서 아픈 사람에게로 소득이 재분배되는 효과를 가진다. 이는 일반적으로는 좌파적 정책에 가깝지만, 가족과 국가 공동체의 유대감을 증진시킨다는 점에서 우파적 가치를 구현하는 배경으로도 작용한다.

　　물론 성과만큼이나 여러 구조적인 문제점도 갖고 있다. 현실에서 가장 우려되는 문제는 재정 지속가능성에 대한 의문이다. 세계적으로 유례없이 빠른 속도로 진행되는 인구 고령화와 만성질환 유병률 증가는 건강보험 재정에 가장 큰 위협 요인이다. 의료기술 발달, 보장성 강화 요구 등으로 인해 건강보험 지출은 수입 증가율을 상회하는 경향을 보여왔으며, 이는 주기적인 재정 적자 발생과 준비금 고갈 우려로 이어진다.

　　의료 전달체계의 불균형 문제 역시 심각하다. 한국의 의료 공급은 약 90~93%를 민간 의료기관이 담당하는 극단적인 민간 의존 구조를 특징으로 한다. 동네 의원 중심의 일차의료(Primary Care) 체계가 제대로 정립되지 않아, 많은 환자들이 경증 질환에도 불구하고 상급 종합병원으로 바로 가는 경향이 강하다. 의사 인력과 첨단 의료 시설이 수도권 및 대도시에 집중되어 있어

농어촌 및 지방 중소도시 주민들은 필수의료 접근에 어려움을 겪는 심각한 지역 간 의료 격차가 존재한다. 결국 공공의료시설이 극단적으로 부족한 점과 이에 따른 불균형 문제가 심각하다.

제한된 보장성과 높은 직접 부담 문제도 있다. 건강보험이 총 의료비에서 차지하는 비율, 즉 보장률은 OECD 평균에 비해 현저히 낮은 수준에 머물러 있다. 이는 건강보험의 혜택을 받고도 환자 본인이 직접 부담해야 하는 비용이 많다는 것을 의미하며, 제도의 핵심 목표인 가계 의료비 부담 경감 효과를 약화시킨다. 높은 가계 직접 부담의 가장 큰 원인은 건강보험이 적용되지 않는 비급여 진료 항목이 광범위하게 존재하기 때문이다.

낮은 의료 수가도 문제다. 의료계는 오랫동안 건강보험에서 지급하는 의료 행위의 대가, 즉 수가가 원가에도 미치지 못할 정도로 낮게 책정되어 있다고 주장해왔다. 낮은 수가 문제는 의료 공급자에게 진료 시간 단축, 박리다매식 진료, 혹은 상대적으로 수가가 높거나 비급여 항목인 검사나 시술 위주 진료를 유도하는 문제를 낳는다.

윤석열 정부의 의료 정책과 의료 붕괴

2024년 초, 윤석열 정부는 의과대학 정원을 대폭 증원하는 계획을 발표하면서 한국 의료 시스템을 전례 없는 위기 상황으로 몰아넣었다. 정부는 2025학년도부터 5년간 매년 의대 입학 정원을 2,000명씩 늘려, 현재 3,058명에서 5,058명으로 확대하겠다고 2024년 2월 발표했다. 이는 2035년까지 약 1만 명의 의사 인력을 추가로 확보하기 위한 조치로, 고령화 심화와 OECD 대비 낮은 인구당 의사 수를 근거로 제시했다. 정부는 특히 필수의료 및 지역의료 분야 의사 부족 문제를 해결하는 것을 주요 목표로 삼았다.

정부는 정원 증원과 함께 필수의료 분야 강화를 위한 종합적인 정책 패키지도 제시했다. 주요 내용으로는 필수의료 분야 수가 인상 등을 위해 향후 5년간 10조 원 이상의 건강보험 재정 투입, 의료사고 발생 시 의사의 형사처벌 부담을 완화하는 '의료사고처리특례법' 제정 추진, 전공의 연속 근무 시간 단축 시범사업 확대 등 수련 환경 개선, 환자 중증도에 따른 의료기관 이용 유도와 상급종합병원의 중증 진료 집중 등 전달체계 개선 방안 등이 포함되었다.

정부 발표 직후, 전국의 인턴, 레지던트 등 전공의들이 대규모로 사직서를 제출하고 병원을 이탈하는 집단행동에 돌입했다. 의과대학 학생들은 동맹 휴학으로 이에 동조했으며, 일부 의대 교수들과 개원의들도 집단 휴진 가능성을 시사하며 정부를 압박했다.

의료계, 특히 대한의사협회와 대한전공의협의회 등은 일방적 결정 및 협의 부족, 의학 교육의 질 저하 우려, 필수/지역의료 문제 해결과 무관, 경쟁 심화 및 수입 감소 우려 등을 이유로 반발했다. 또한 의료계는 정부가 제시한 정책 패키지가 필수의료 문제 해결에 실효성이 부족하거나 재원 조달 계획이 불투명하며, 정원 증원을 강행하기 위한 명분에 불과하다는 비판적 시각을 보였다.

전공의 집단 이탈은 대학병원 등 상급종합병원의 기능 마비를 초래했다. 수술이 대규모로 취소되거나 연기되었고, 입원 병동 운영이 축소되었으며, 응급실 진료에도 심각한 차질이 발생했다. 남은 교수, 간호사 등 의료진의 업무 부담이 가중되어 번아웃을 호소하는 사례가 늘었고, 진료량 급감으로 인해 대형병원들은 심각한 재정적 손실을 겪었다.

정부는 군의관 및 공중보건의사 파견, 공공병원 진료 연장, 비대면 진료 한시적 전면 허용, 재정 지원 등 비상진료체계를 가동하여 의료 공백을 최소화하려 노력했다. 그러나 이러한 대응만으로는 전공의들의 빈자리를 완전히 메우기 어려웠고, 위기는 장기화되었다.

'의료 붕괴'라는 표현은 양측 모두에 의해 사용되었다. 의료계는 정부의 정원 증원 정책이 의료 시스템을 붕괴시킬 것이라고 경고했고, 정부와 일부 언론은 의료계의 집단행동이 의료 시스템을 붕괴시키고 있다고 비판했다. 특히 '새벽 기차 타고 서울행'이라는 표현으로 상징되는 지방 의료 접근성 문제는 이미 위기 이전부터 '응급실 뺑뺑이'(응급 환자가 여러 병원을 전전하는 현상), 특정과 전문의 부족, 지방 의료 공백 등 필수의료 시스템의 위기 징후로 지적되어 왔다.

확실히 윤석열 정부의 접근 방식에는 몇 가지 근본적인 문제점이 존재했다. 마치 계엄을 이야기하던 순간과 비슷한 느낌으로, 급작스럽게 대통령이 담화를 하여 폭탄선언을 하는 식으로 개혁이 추진되었다. 과학적 근거의 불충분성도 심각한 문제였다. '2000명'이라는 증원 규모가 어떤 과학적 근거에 기반한 것인지, 그리고 이것이 지역 간 의료 격차나 필수의료 문제 해결에 어떻게 기여할 것인지에 대한 설득력 있는 논거가 제대로 제시되지 않았다.

무엇보다 전체를 조망하는 종합적 접근이 부재했다. 의사수 부족이 의료 시스템의 유일한 문제는 아니다. 낮은 수가, 높은 의료 소송 위험, 열악한 근무 환경, 비효율적인 의료전달체계 등 복합적인 문제들이 있고, 그 근본에는 공공의료 비중이 극단적으로 낮은 현실, 의사들이 과실치사/과실치상 등 법적 문제에 노출되어 있는 점, 실손보험의 일반화로 인해 비급여 시장이 극단적으로 확대된 문제 등 구조적인 문제가 있었다. 그런데 윤석열 정부는 의대 정원 증원이 마치 모든 문제의 해결책인 것처럼 접근했다.

'이재명 케어'를 기대한다

이재명 의료 정책의 핵심 요소

이재명은 성남시장, 경기도지사를 거쳐 2022년 더불어민주당 제20대 대통령 후보로 선출되었으며, 이후 당 대표직을 수행하는 등 대한민국 정치의 중심에서 활동해왔다. 그의 정치 역정에서 의료 분야는 꾸준히 중요한 위치를 차지해왔으며, 특히 성남시장 시절 시민운동을 통해 성남시의료원 설립을 추진했던 경험은 그의 정치 입문 계기이자 공공의료 확충에 대한 신념의 근간으로 자주 언급된다. 이재명의 의료 정책 비전은 다음과 같은 핵심 요소로 구성된다.

① 공공의료 인프라 및 서비스 강화: 전국 70개 중진료권마다 최소 1개 이상의 공공병원을 신설 또는 증축하여 지역 간 의료 격차를 해소하겠다는 공약은 그의 공공의료 전략의 상징적인 목표였다. 이는 단순히 병상 수를 늘리는 것을 넘어, 감염병 대응 역량을 강화하고 필수의료 접근성을 높여 국민 누구나 차별 없이 의료 서비스를 받을 권리를 보장하겠다는 정책적 의지를 반영한 것이다.

② 공공의료 인력 양성: 필수의료 분야 인력 부족 문제를 해결하기 위해 '국립보건의료전문대학원'(공공의대) 설립을 제안했다. 또한 의과대학이 없는 지역에 의대 신설을 허용하고, 의대 정원을 합리적으로 증원하겠다는 계획을 밝혔다. 이는 시장 논리만으로는 해결되지 않는 지역 및 필수의료 인력난 해소를 위해 국가가 적극적으로 나서야 한다는 인식을 보여준다.

③ 건강보험 보장성 확대: 병원비 100만원 상한제, 탈모 치료 급여화, 노인 임플란트 확대, 중증 아토피 치료 지원 강화 등 다양한 보장성 확대 공약을 제시했다. 이는 환자의 경제적 부담을 경감하고, 의료 접근성을 높이며, '환자 중심' 의료 시스템을 구현하려는 목표를 담고 있었다.

④ 지역의료 불균형 해소: 지역 간 의료 격차 해소는 이재명이 최우선 과제 중 하나로 삼았던 분야다. 70개 중진료권별 공공병원 확보와 함께, 지역 내에서 중증질환까지 치료를 완결할 수 있는 '지역완결형 의료체계' 구축을 목표로 했다. 지역의료 인력 확보를 위해 '지역의사제'와 '지역간호사제' 도입을 제안했다.

⑤ 필수의료 지원 강화: 응급, 외상, 심뇌혈관 질환, 암 등 중증질환 분야와 함께 내과, 외과, 산부인과, 소아청소년과 등 국민 생명과 직결된 기초 진료과목을 '필수의료'로 규정하고, 이에 대한 국가 책임을 강화하겠다고 강조했다. 필수의료 분야에 대한 재정적 지원책으로는 '공공정책수가'와 '지역 필수의료 수가 가산제'가 핵심적인 역할을 할 것으로 구상되었다.

⑥ 바이오헬스 산업 육성: 제약, 바이오, 의료기기, 디지털 헬스케어 등을 포괄하는 바이오헬스 산업을 대한민국의 미래 핵심 성장 동력으로 규정하고, '추격 산업'에서 '선도 산업'으로 도약시키겠다는 비전을 제시했다. 이를 위해 바이오헬스산업발전 특별법 제정, 신의료기술평가 제도 개선, R&D 투자 확대, 민관 합동 메가펀드 규모 확대 등을 공약했다.

⑦ 일차의료 및 의료전달체계 개편: '전국민 주치의 제도' 도입을 통해 지속적인 건강 관리, 예방 활동 강화, 만성질환 관리 효율화, 합리적인 상급병원 의뢰 시스템 구축 등을 도모하고, 장기적으로는 전체 의료비 상승을 억제하는 효과를 기대했다. 또한, 1차(의원) → 2차(병원) → 3차(상급 종합병원) 의료기관 간 역할 분담과 단계적 진료 의뢰 시스템을 명확히 확립하고자 했다.

현실성과 실효성 평가

이재명 의료 정책에 대해 다양한 평가가 있지만, 분명한 것은 현재 건강보험체계의 구조적 문제를 인식하고 이를 극복하기 위한 방안들을 현실적으로 고민하여 도출된 방안이라는 것이다.

① 종합적 접근: 단순히 의사 수 증원이나 보장성 확대와 같은 단일 정책이 아니라, 인프라(병원), 인력(의사/간호사), 재정(수가), 전달체계(주치의제) 등을 아우르는 종합적인 개혁 방안을 제시했다. 이는 의료 시스템의 문제가 복합적이라는 현실을 반영한 접근법이다.

② 공공성 강화: 민간 중심의 의료 공급 체계에서 공공 부문의

역할을 강화하려는 분명한 방향성을 제시했다. 특히 지역 간 의료 격차 해소와 필수의료 강화에 있어 공공의료의 역할을 중요시했다.

③ 지역 의료 강화: 지역완결형 의료체계 구축을 통해 '새벽 기차 타고 서울행'으로 상징되는 의료 접근성 불균형 문제를 해결하려는 구체적인 비전을 제시했다.

④ 실행 경험: 성남시장 시절 성남시의료원 설립 경험과 경기도지사 시절 24시간 닥터헬기 도입, 수술실 CCTV 설치 의무화 등 공공의료 분야에서의 정책 추진 경험을 가지고 있다.

물론 이재명 의료 정책에도 약점 및 도전 과제가 존재한다.

① 재원 마련의 불확실성: 대규모 공공병원 확충, 보장성 확대, 필수의료 수가 인상 등에 필요한 막대한 재원 마련 방안이 구체적으로 제시되지 않았다. 특히 병원비 100만원 상한제와 같은 파격적인 공약에 대한 재정 확보 계획은 더욱 불투명했다. 다만 이 부분은 결국 증세를 통해 해결할 것으로 생각되고, 건강보험 운영 효율화 등을 통해서도 상당 부분 해결이 가능

할 것으로 생각된다.

② 의료계 반발: 기존에는 공공의대 신설, 지역의사제 도입 등은 의료계, 특히 대한의사협회 등 주류 의사 단체의 강력한 반대에 직면할 가능성이 높다고 평가되었다. 2020년 의료계 총파업의 원인이 되었던 공공의대 신설 및 의대 증원 문제가 다시 정책에 포함되면서, 과거의 갈등이 재현될 수 있다는 것이다. 그러나 윤석열 정부의 막무가내 2000명 증원 정책을 겪었던 의료계에서 이재명의 정책을 반대하고 나설 가능성은 적을 것으로 생각된다.

의료 붕괴 현실을 어떻게 개선해 나갈 것인가

이재명의 의료 정책 비전은 한국 의료 시스템이 직면한 복잡한 문제들을 종합적으로 다루려 시도했다는 점에서 의미가 있다. 특히 공공의료 인프라 확충, 지역의료 불균형 해소, 필수의료 강화라는 방향성은 현재 의료 시스템의 구조적 문제들을 정확히 짚고 있다. 또한 주치의제 도입, 의료전달체계 개편 등 장기적이고 근본적인 시스템 개혁 방안을 제시했다는 점도 주목할 만하다.

물론 재원 마련의 불확실성 등 한계는 있다. 그러나 박정희가 수많은 재정 우려에도 불구하고 의료보험 도입을 강행했고 그것이 결과적으로 대한민국의 발전에 기여하였듯이, 이재명의 의료개혁이 국민의 건강을 보호하고 안정을 제공하여 결과적으로 국가의 발전에 기여한다면 이는 국가 재정 투입을 통하여 해결할 방안으로 생각된다.

결국 단기적이고 일방적이며 극단적이었던 윤석열 정부의 의료 해결 방안보다, 종합적이고 구조적인 이재명의 접근법이 현재의 대한민국에 더 필요한 것이라고 생각하고, 이를 넘어 윤석열 정부가 붕괴시킨 의료제도의 개선을 위해서는 이재명의 접근법이 필요하다고 생각한다.

그런 점에서 미래 한국 의료 시스템의 지속가능성을 확보하기 위해서는 다음과 같은 정책적 방향이 필요하다.

우선 균형 잡힌 재정 확보 전략이 필요하다. 건강보험 보장성 강화와 재정 건전성 사이의 균형을 찾아야 한다. 보험료 인상, 국고 지원 확대, 비급여 관리 강화 등 다양한 재원 확보 방안을 동시에 추진해야 한다.

공공과 민간의 상생 모델도 필요하다. 한국의 의료 현실에서 민간 의료기관은 핵심적인 역할을 담당하고 있다. 공공의료 확충은 매우 필요하지만, 한 순간에 이루어질 수 없다는 점을 감안하면, 민간 의료기관이 공공적 역할을 수행할 수 있도록 지원하고 유인하는 정책이 필요하다. 공공정책수가와 같은 재정적 지원 메커니즘도 하나의 안이 될 수 있다.

필수의료 지원 강화는 매우 필요하다. 응급, 외상, 분만, 소아 등 필수의료 분야의 지속가능성을 확보하기 위해서는 적정 수가 보장, 의료사고 부담 경감, 근무 환경 개선 등 종합적인 지원이 필요하다. 단순히 의사 수를 늘리는 것이 아니라, 이들이 필수의료 분야에서 일하고 싶게 만드는 환경을 조성해야 한다. 한편 필수의료 부분에서만 일할 수 있는 의사들을 모집하는 등 다양한 안도 고려할 필요가 있다.

의사들이 법적 문제에 노출된 현실에 대한 대안도 필요하다. 의사들이 작은 과실로도 과실치사나 과실치상죄로 형사 처벌을 받을 수 있고, 이 경우 의사 자격까지 박탈될 수 있다는 것은 실제 많은 의사들에게 두려움으로 작용하고 있고, 생명을 다루는 필수 의료를 기피하는 원인이 되고 있기도 하다. 특히 필수 의료에 대한 의료행위는 위험을 내재하고 있는 일이라는 점을 감안하여, 자동차보험을 참고하여 '고의나 중과실이 있는 경우'가 아니라면 의료사고에 대해 보험이 책임을 지고 의사가 직접 책임을 지지는 않는 보험제도를 도입하는 것 등을 생각해볼 수 있다. 이는 의사의 안전을 위해서만 좋은 것이 아니라, 의사의 경제 사정 등에 따라 제대로 배상을 받지 못하는 피해자/환자들을 위해서도 필요하다.

이를 이루기 위해 점진적이고 합의에 기반한 개혁이 필요하다. 우리는 이미 이러한 합의 과정이 제대로 이루어지지 않을 때 얼마나 시스템이 붕괴될 수 있는지 윤석열을 통해 익히 경험했다. 의료 시스템 개혁은 단기간에 급진적으로 추진하기보다는 의료계를 포함한 모든 이해 관계자들과의 충분한 소통과 합의를 바탕으로 점진적으로 진행되어야 한다. 특히 의대 정원 증원과 같은 민감한 사안은 장기적인 계획 하에 단계적으로 추진하는 것이 바람직하다.

일차의료 강화 및 주치의제 도입도 필요하다. 의료전달체계의 효율성을 높이고 의료비 증가를 억제하기 위해서는 일차의료 기능의 강화가 필수적이다. 주치의제를 단계적으로 도입하고, 상급종합병원으로의 환자 쏠림 현상을 완화하기 위한 제도적 장치를 마련할 필요가 있다.

마지막으로 디지털 헬스케어와 혁신 촉진을 고려해야 한다. 의료 시스템의 효율성과 접근성을 높이기 위해 디지털 헬스케어, 원격의료 등 기술 혁신을 적극 활용해야 한다. 동시에 개인정보 보호와 의료 질 보장을 위한 적절한 규제 체계도 필요하다.

박정희에서 이재명까지

대한민국 국민건강보험 제도의 역사는 박정희 정부의 결단으로 시작되어, 여러 정부를 거치며 발전해왔다. 이 과정에서 여러 교훈을 얻을 수 있었다.

가장 지적하고 싶은 것은 장기적 비전의 중요성이다. 박정희 정부가 처음 의료보험을 도입할 때, 당장의 재정 부담에도 불구하고 장기적인 국가 발전과 사회 안정이라는 비전을 가지고 결단을 내렸다. 오늘날의 의료 정책 역시 단기적인 정치적 이해를 넘어, 미래 세대를 위한 지속가능한 시스템 구축이라는 장기적 비전을 가져야 한다. 윤석열 정부의 의료 개혁이 장기적 비전이 아닌 단기적, 정치적 행위였다는 점이 문제였다면, 이재명은 장기적 비전을 토대로 건강보험의 시스템을 추진할 수 있는 정치인이라 평가한다.

점진적 발전의 가치도 중요한 교훈이다. 전 국민 의료보험 달성은 하루아침에 이루어진 것이 아니라, 12년에 걸친 단계적 확대 과정을 거쳤다. 오늘날의 의료 개혁 역시 급진적인 변화보다는 점진적이고 체계적인 접근이 성공 가능성을 높일 수 있다. 우리는 점진적, 체계적, 과학적 접근의 부족함이 어떤 문제를 낳았는지 현재 목격하고 있다.

사회적 합의의 필요성도 생각해야 한다. 2000년 의료보험 통합, 의약분업 시행 등 주요 의료 개혁은 사회적 논쟁과 갈등을 겪으면서도 결국 사회적 합의를 통해 정착되었다. 현재의 의료 위기 역시 정부, 의료계, 시민사회, 학계 등 다양한 이해관계자들의 진정한 대화와 합의를 통해서만 해결될 수 있다.

결국 균형 잡힌 접근이 중요하고 또 필요하다. 공공성과 효율성, 접근성과 지속가능성, 형평성과 수월성 등 다양한 가치들 사이의 균형을 찾는 것이 의료 정책의 핵심 과제이다. 어느 한쪽에 치우친 접근법은 장기적으로 지속되기 어렵다.

이재명의 의료 정책 비전이 제시하는 공공의료 강화, 지역 간 격차 해소, 필수의료 지원 등의 방향성은 한국 사회가 당면한 의료 문제를 해결하기 위한 중요한 지향점을 담고 있다. 보수와 진보의 이념적 구분을 넘어, 이러한 정책 목표들은 사회의 안정과 국민의 건강, 그리고 국가의 지속가능한 발전이라는 보편적 가치에 부합한다.

특히 주목할 것은 이러한 의료 정책이 단순한 복지 확대나 진보적 가치 실현의 차원을 넘어, 국가의 지속가능한 발전과 사회 안정을 위한 필수적인 토대라는 사실이다. 박정희 정부가 의료보험을 도입했던 것처럼 개인의 건강을 보장하는 의료 시스템은 보수가 꿈꾸는 진정한 자유 경쟁과 성장의 든든한 토대가 될 수 있다. 그런 점에서 이재명의 의료 정책 비전은 진보와 보수의 이분법을 넘어, 한국 사회의 지속가능한 발전을 위한 실용적이고 현실적인 대안으로 평가될 수 있다.

궁극적으로 한국 의료 시스템의 미래는 어느 한 정치인이나 정파의 승리로 결정되는 것이 아니라, 정부, 의료계, 시민사회, 학계 등 다양한 이해관계자들의 진정한 대화와 협력을 통해 만들어져야 한다. 의료는 국민의 생명과 건강, 그리고 삶의 질에 직결되는 문제이기에, 정치적 이해관계를 넘어 사회적 합의에 기반한 지속가능한 해결책을 모색해야 할 때다.

박정희가 의료보험 도입을 결단했던 것처럼 오늘날 우리는 당장의 정치적 이해관계를 넘어 미래 세대를 위한 건강하고 지속가능한 의료 시스템을 구축하는 책임을 져야 한다. 이는 보수든 진보든, 모든 정치적 성향을 가진 이들이 함께 추구해야 할 공통의 과제다. 건강한 개인이 모여 건강한 사회를 이루듯, 건강한 의료 시스템은 건강한 국가 발전의 기반이 된다. 박정희 시대에 시작된 국민건강보험과 그에 기반한 의료 시스템의 성과가 윤석열에 의해 큰 타격을 입었지만, 이재명의 개혁을 통해 그 한계와 구조적 문제를 극복하고 건강한 개인, 건강한 국가를 유지하고 발전시키는 성과로 이어지기를 바란다.

'실용 보수'라는 가능성!
이념보다 실용, 구호보다 실천

서상윤

나는 이재명과 개인적 친분이 없다. 국회 앞 단식장에서 멀리서 한 번, 법정에서 우연히 스친 것이 전부다. 그럼에도 이재명이란 인물을 깊이 들여다보기 시작한 것은 우연이 아니었다.

어느 날, 내 고객의 형사사건을 맡았을 때였다. 담당 검사는 정작 사건 본질은 외면한 채, 오직 이재명을 끌어들이는 데 혈안이었다. 도대체 무엇이 이토록 특수부 검사들을 집요하게 만드는가? 그 물음이 내 안에 불씨처럼 번졌다. (*고객에 대해 더 말하고 싶지만, 변호사로서 끝까지 지켜야 할 선이 있음을 양해해주시길 바란다.) 궁금증은 탐구가 되었고, 그 탐구가 이 책의 출발점이 되었다.

나는 대구에서 태어나 산업화의 가치를 체득하며 성장했다. 법조계와 기업 현장에서 세상을 읽는 법을 배웠고, 정치와 사회를 바라보는 눈은 언제나 실용에 닿아 있었다. 이 책을 기획한 가장 큰 이유는 이재명을 단순한 '진보 정치인'이 아니라, 국가를 다시 세울 수 있는 실용적 리더로 조명하기 위해서다. 그의 삶과 정책은 산업화 세대, 그리고 실용적 보수 성향을 지닌 국민과 충분히 만날 수 있는 교차점을 품고 있다.

소년공으로 출발해 검정고시, 사법시험, 변호사, 시장, 지사, 그리고 대통령 후보에 이르기까지… 이재명의 서사는 한국 산업화 세대가 간직해온 투쟁과 생존의 역사와 맞닿아 있다. 더 인상적인 것은 그의 실용주의다. 그는 "민주당의 주된 가치는 실용주의"라 단언했다. 이 말은 과거 산업화 시대의 '선성장 후분배'를 현대적으로 재해석한 선언이자, 민주주의적 절차와 사회적 약자 보호를 함께 껴안으려는 노력의 고백이다.

그는 이제껏 민주·진보진영이 적대시하거나 의문에 찬 시선으로 대하던 대기업에 대해 '국민을 먹여 살리는 동료'라 부르며, 성장과 분배를 동시에 고민한다. 이것은 이념에 갇힌 진보의 언어가 아니라, 국익과 현실을 직시하는 실용 정치인의 말이다.

대한민국은 지금 복합 위기의 한가운데 있다. 자영업 붕괴, 경기 침체, 미·중 갈등, 글로벌 블록화… 변화하는 세상 앞에서 더는 이념으로 싸울 시간이 없다. 이재명은 이런 현실을 누구보다 정확히 직시하고, 기본소득과 기업 성장 정책을 함께 내세우며 이념보다 실용, 구호보다 실천을 선택했다.

이 책을 통해 나는 실용 보수의 가능성을 다시 이야기하고자 했다. 이재명은 산업화 세대가 중시했던 '일'과 '성장'의 가치를 존중하면서도, 공정성과 연대라는 민주주의의 본령을 새롭게 세우려 한다. 그는 지금의 여느 정치인과 다르다. 민주당의 틀을 넘어, 이념의 벽을 넘어, 국가 재건을 위한 실무적 리더십을 준비하는 사람이다. 국가경제연구원의 보고서가 지적했듯, 지금 우리에게 필요한 것은 끝없는 이념 논쟁이 아니다. 현실을 마주하고 미래를 건설할 수 있는 지도자, 그런 실용적 리더십이 절실하다. 이재명은 그 길을 갈 수 있는 사람이다. 그의 발걸음에는 산업화의 땀방울이, 민주주의의 눈물이 함께 묻어 있다.

이 책은 이런 문제의식에 동의하는 여럿이 함께 고민하고 대화하며 만들었다. 기획자로서 방향을 잡고 앞장섰지만, 함께 글을 나누고 고민을 나누며 한 장 한 장을 완성해간 훌륭한 저자들이 있었기에 가능했다. 이 자리를 빌려 이 여정에 기꺼이 동참해준 모든 저자들께 깊은 감사의 마음을 전한다. 모두의 진심 어린 참여와 헌신이 있었기에, '실용 보수'라는 가능성 또한 더 굳건히 독자들 앞에 설 수 있었다. 마지막까지 이 책을 읽어주신 모든 독자 여러분께도 진심으로 감사드린다. 이 작은 시작이 대한민국의 더 큰 내일을 향한 하나의 씨앗이 되기를 바란다.

실용을 넘어, 미래로!

부록

TK도 이재명을
응원합니다

예안의 봄, 민들레 이재명을 생각한다

안동시 예안면 도촌리 지통마

이른 봄, 겨울의 혹독한 추위를 이겨낸 민들레가 들판 가득 노랗게 수놓는다. 늦봄이 되면 어린 소년이 하얀 홀씨를 불어 올리고, 나풀거리는 씨앗들이 그리는 자유로운 선을 따라 소년의 꿈도 세상을 향해 날아간다. 소년 이재명이다.

1970년, 산골 중의 산골인 지통마에서 자란 어린 소년들은 20리 길을 걸어 삼계초등학교에 다녔다. 비가 와 큰물이 지면 도랑을 건너지 못해 학교에 가지 못하는 일도 잦았다. 그 시절은 배고픔이 일상이었고, 어린아이조차 들에 나가 일을 해야 했다. 다섯, 여섯 남매를 둔 대가족이 대부분이던 전통적인 마을에서는 아이들이 함께 놀고, 함께 등교하며, 우애 깊은 공동체를 이루었다.

삼계초등학교를 졸업한 후 성남 상대원으로 이사한 이재명은 어린 나이에 생계를 위해 노동을 병행해야 했다. 노동과 독학을 함께하며 고단한 청소년기를 버텼고, 몸이 상하는 중에도 형제들과 서로 격려하며 차례로 중학교, 고등학교 검정고시에 합격했다. 결국 중앙대학교 법학과에 전액면제 장학생으로 입학했고, 매달 20만 원의 지원금을 받는 우수한 학생이 되었다. 그가 입학한 1982년에 20만 원은 매우 큰 돈이었다. 그중 5만 원은 셋째 형 이재선 씨에게 전달되어 형 역시 이듬해 건국대학교 경영학과에 전액면제 장학생으로 입학하였다. 이처럼 성장기 동안 형제들은 서로에게 힘이 되어주며, 힘든 시절 서로를 위로하고 격려하는 등불이 되어주었다. 그러나 모든 가정이 평탄하기만 한 것은 아니다. 장년기에 접어들며 사회를 바라보는 시각 차이가 생겼고, 형제들은 각자의 길을 걷기 시작했다. 가족 간의 끈끈함은 점차 느슨해지고, 마음의 거리가 벌어졌다.

시민사회 운동을 하던 이재명 변호사는 자연스럽게 정치의 길로 들어섰다. 그를 지켜본 시민들의 요청이었고, 또한 시대의 요청이었다. 성남시장, 경기도지사, 대통령 후보로까지 나아가며 자신의 삶을 바쳤다. 그런 중 사회를 바라보는 시각이 달랐던 형제들과 갈등이 생겼고, 그의 출마 때마다 정치권은 가족 간의 갈등을 부추겼다.

정치에 입문한 지 20년. 성남시장 출마를 시작으로 세 번째 대통령 후보로 출마하기까지, 그는 영광과 고난의 길을 걸었다. 그 과정에서 갈등이 컸던 셋째 형 이재선 씨, 정치적 뜻을 함께했던 여동생 이재옥 씨, 그리고 든든한 버팀목이었던 어머니 구호명 씨를 잃었다.

그의 정치 인생은 수난의 연속이었다. 칼에 의한 테러로 목숨을 잃을 뻔한 위기를 넘기고, 수백 번의 압수수색과 조작된 사법 폭력을 헤치며, 심지어 계엄 위기를 국민과 함께 막아냈다. 그렇게 치열한 정치 여정을 걸은 그는 이제 생애 세 번째 대통령 후보로 출마를 선언했다.

예안의 사람들이 함께합니다

예안에서 농사를 짓던 내가 이재명을 처음 만난 것은 그가 첫 번째 대통령 선거를 준비하던 2017년 민주당 경선 무렵이었다. 나는 당시 문재인 후보 진영에 있었고, 문재인 후보는 민주당 후보로 선출되어 대통령이 되었다.

시간이 흐른 뒤, 대선 경선에서 패배한 그가 현장에서 지지자들에게 연설하는 모습을 보았다. 전율이 흘렀다. 노무현 대통령을 사무치게 그리워하던 나로서는, 그의 연설에서 노무현을 떠올렸고, 그의 진정성에 이끌려 그를 주목하게 되었다.

초선 성남시장 시절, 그는 모라토리엄 선언이라는 강수를 두며 3년 만에 성남시의 4,500억 원 부채를 모두 갚았다. 보수 성향이 강하던 성남시 단체들과도 원만히 소통하며 재선에 성공했다. 또한 시장 재직 중 공직자의 길과 가족 간 갈등 사이에서 그는 공직자의 길을 선택했다.

경기도지사 재직 시절, 전국을 강타한 코로나 사태 속에서 신천지교회 문제를 적극적으로 해결하는 모습은 '국민이 먼저'라는 그의 철학을 보여주었다.

그 후, 2021년 두 번째 대통령 후보 도전에 나서면서, 나는 예안에서 만난 지인들과 함께 그의 선거운동을 도왔다. 2022년 대선에서 패배한 뒤에도 그는 좌절하지 않았다. 그해 6월 인천 계양구 국회의원 보궐선거 승리, 8월 민주당 당대표 선거 승리, 2024년 당대표 재선까지, 그의 여정에는 예안의 사람들이 함께했다.

나는 문재인 정부에서 일했던 사람으로서, 때로는 비난을 감수하며 정치인 이재명을 지지해왔다. 그리고 2025년, 이재명은 다시 한번 대한민국 대통령 선거에 도전한다. 보수 성향이 강한 경북 예안에서 그를 지지하는 것은 결코 쉬운 일이 아니다. 그러나 고향은 어머니 품 같은 곳이다. 그가 태어난 예안은 가족들의 명암이 공존하는 곳이자 고향으로서 그에게 치유의 땅이기도 하다. 어릴 적 도촌 지통마 들판에서 맘껏 뛰놀고, 삼계초등학교로 등교하며 시린 겨울을 견뎌낸 소년. 노란 민들레를 쓰다듬고, 하얀 홀씨를 불며 세상에 희망을 그렸던 그 소년을, 고향은 품어줄 것이다.

그를 보면 민들레가 떠오른다. 혹한을 뚫고 들판을 노랗게 수놓는 강인함, 봄내 군락을 이뤄 꽃을 피우는 끈끈함, 늦봄 하얀 홀씨로 세상을 가득 채우는 결실. 그 모습 속에사 나는 이재명을 본다.

2025년 봄, 국민과 함께 진짜 대한민국을 만들 이재명을 응원한다.

윤한근

더불어민주당 정책위원회 부의장,
사단법인 대한민국브랜드협회 상근부회장

대한민국의 훌륭한 도구가 되어주세요

똑똑하고 부지런한 시장

보수의 뿌리가 깊은 경북 의성에서 태어나 자란 나에게 정치란 늘 저
먼 배경음 같은 것이었다. 조부는 읍의원이었고, 친척은 군수를 세
번 지냈다. 당연히 정치란 보수 정당이 하는 것이고, 이기는 편에 서
는 게 지혜라 여겼다. 내게 정치는 남의 일이었고, 어디까지나 내 일
상이 먼저였다.

그러던 어느 날, 동생의 취업으로 처음 찾은 성남에서 내가 살던 곳

에서 느낄 수 없는 낯선 분위기와 만났다. 평범하고 낡아 보이는 도시가 어딘가 살아 움직이고 있었다. 공사 현장, 정비된 가로등, 밝아지는 거리. 동생은 "시장이 부지런하고 똑똑해서 그렇다"고 했다. 그 시장이 바로 이재명이었다.

처음엔 스쳐 지나갔다. 그러다 예안만큼이나 골짜기 깊은 길안면 고란리 출신 남자와 결혼하며 자연과 닮은 삶을 선택했다. 아이를 낳고 키우며, 정치가 내 삶과 닿아 있다는 것을 알게 되었다. 출산장려 정책이나 육아지원 같은 일상의 문제가 사실은 정치의 문제였다. 그리고 박근혜 탄핵을 마주하며 깨달았다. 무관심했던 나를 부끄러워하며, 흐르는 이야기 속에서 한 이름이 자주 등장했다. 이재명이었다. 노무현재단 활동을 하며 나는 '행동하는 양심'이란 말을 가슴에 새겼다. 그렇게 다시 이재명을 바라보았다. 높은 공약 이행률, 인권을 위한 싸움, 서민을 위한 행정, 기득권에 맞서는 용기. 고 노무현 대통령과 이재명은 닮아 있었다. 그의 진심을 알아차리는 데 오래 걸리지 않았다.

2021년 겨울, 의성 '국민반상회'에서 그를 처음 만났다. 화면에 쏟아지는 악성 댓글에도 그는 여유로웠다. 생방송 끝, 그의 손을 잡으며 나도 모르게 속삭였다.

"꼭, 대통령이 되어주세요."

곧바로 그의 자서전을 읽었다. 가난과 고통 속에서도 꺾이지 않은 어린 이재명에게 깊은 존경을 느꼈다. 그리고 알았다. 그가 부모님의 청춘과 닮아있다는 것을.

용기를 배우다: '장다르크'의 정치

그 후 나는 거리로 나섰다. 보수의 심장, 경북에서 이재명을 외치는 일은 결코 쉽지 않았다. 한파 속 피케팅, 유세 차량 앞 퍼포먼스. 0.73% 차이로 낙선이 확정된 날에도 후회는 없었다. 안동 지지율은 7.45% 상승했다. 변화를 느꼈다.

나는 용기를 내 지방선거에 출마했다. 모두가 만류했지만, 보수 정당이 지역을 무시하는 것을 참을 수 없었다. 한 표의 힘을 외치며 '장다르크'라 불렸다. 낙선했지만 "당선자보다 유명한 낙선자"로 남았다. 이재명이 아니었다면 불가능했을 일이다. 이후 민주여성스피치대회 전국 1위라는 선물도 받았다.

선거 이후, 일자리를 잃고 남편도 좌천되었지만, 나는 다시 일어섰다. '어렵다'는 것은 '불가능하다'는 뜻이 아니라는 걸, 이재명이 보여주었으니까.

이재명은 성실한 행정가이자 '진화된 노무현'이라 불리는 정치인이다.

"위대한 대한민국의 훌륭한 도구가 되겠습니다."

그의 이 말은 내 가슴 깊은 곳을 울렸다. 나는 믿는다. 국민이 나라를 바꿀 수 있다는 것을. 그리고 이재명과 함께, 그 길을 걸어가고 싶다. 그가 대통령인 나라, 위대한 대한민국의 국민으로 살아가고 싶다.

장은주

사회복지사, 더불어민주당 경북도당 홍보소통위원장,
중앙당 여성위원회 부위원장

"나는 농업을 모른다"는 말의 진실된 힘

"나는 농업을 잘 모릅니다."

대개 정치인들은 농민을 만나면 "나는 농민의 자식"이라 말하며, 순식간에 농업 전문가가 되고 농민의 친구로 변모한다. 그러나 내가 만난 이재명은 정반대였다.

10년 전, 봉화군 농민회 회장으로서 우연히 이재명 성남시장을 만났다. 조심스레 강연을 요청했을 때, 그는 인구 100만에 달하는 도시의 시장임에도 두말없이 응했다. 그렇게 성사된 "정치는 잔치다"라는 제목의 강연에는 200여 명의 군민이 모여 성황을 이뤘다.

그날 우리의 관심사는 농업이었다. 그러나 이재명 시장의 첫마디는 예상과 달랐다. "나는 농업을 모릅니다." 순간 당황했지만, 이어진 그의 말은 더 깊은 울림을 주었다.

"농업은 농민만의 문제가 아닙니다. 산업화의 과정에서 농민이 치른 희생은 반드시 정당하게 평가받아야 합니다. 정의로운 사회일수록 취약한 부분을 더 적극적으로 보호합니다. 가난하고 부끄러운 농민이 아니라, 자랑스러운 농민이 되어야 합니다."

이재명 시장은 문제의 근원을 꿰뚫는 언어로 접근했다. 보통의 정치인과는 전혀 다른 방식이었다. 그날의 강연은 깊은 여운을 남겼고, 나는 그 인연을 따라 지금까지 그의 정치 여정을 지켜보고 함께할 길을 모색해왔다. 그리고 5년 전, 더불어민주당에 입당했다.

당원의 눈으로 본 이재명 경기도지사의 성과는 눈부셨다. 특히 농민인 내 눈에 가장 크게 다가온 것은 '농민기본소득제'와 '농어촌기본소득제'였다. 세계적으로 기본소득 논의는 많았지만, 의미 있는 실험을 과감히 실행에 옮긴 이는 이재명뿐이었다. 시민의 삶을 개선할 정책이라면 선례에 매몰되지 않고 과감히 추진하는 그의 결단은 이 시대의 지도자다운 모습이었다.

이재명의 농업정책은 직접 개입보다, 농민 개개인의 삶을 보호하고 자율성을 보장하여 산업 변화에 유연하게 대응할 기회를 여는 것이었다. 그간 농업 지원은 보조사업 중심이었다. 농민은 필요 없는 농기계와 자재를 울며 겨자 먹기로 구매해야 했고, 업자들은 이를 이용해 부당한 이익을 챙겼다. 이 비효율의 카르텔은 농업 예산의 낭비와 농민에 대한 사회적 비난을 초래했다.

농민의 자존을 회복하는 일

이재명은 농민의 자율을 보장하는 새로운 길을 열었다. 그의 농업정책 철학 위에, 나는 이재명 대통령 시대에 반드시 이루어야 할 두 가지 과제를 제안하고자 한다.

첫 번째, 농정에 대한 사회적 합의를 이루는 일이다.

지금까지 한국 농정은 산업경쟁력 논리와 농민 보호 논리의 갈등이 계속되었다. 재정 부담과 식량안보, 대농과 소농, 신재생 에너지 개발과 농업 기반 유지… 여러 주제에서 첨예하게 대립해왔다. 정리해고로 경쟁력을 높이겠다던 공장이 결국 문을 닫은 것처럼, 농업도 파괴되었고 농민도 소외되었다. 문제는 갈등을 조정하고 사회적 합의를 이끌어낼 제도적 장치가 작동하지 않았다는 데 있다.

이제는 농민, 전문가, 관료 모두가 참여하는 상설 논의체를 가동해 농업의 미래 방향성을 투명하게 설정해야 한다. 농특위(농업농어촌특별위원회)의 재가동과 농어업회의소법의 제정으로 농민의 자치력을 높이고, 국민적 공감대 속에 힘을 얻는 농정을 추진해야 한다.

이렇게 된다면 가족농과 기업농이 공존하는 농정, 농업 생산과 신재생 에너지가 조화롭게 자리 잡는 농촌, 국가재정 부담을 최소화하며 식량안보를 지키는 체계가 가능해질 것이다.

두 번째, 농민의 자존을 회복하는 일이다.

농민의 삶이 피폐해진 이유는 단순히 소득 저하나 산업 구조 때문만이 아니다. 농촌이 도시의 식민지가 되는 과정에서 농민 내부에 패배감과 자괴감이 자리 잡은 탓이 크다. 프란츠 파농이 말한 것처럼, 식민지의 본질적 병폐는 외부의 지배가 아니라 내부화된 열등감이다. 지금 우리 농촌은 "우리 같은 찌꺼기만 남았다"는 체념에 사로잡혀 있다.

농민을 전문직으로 대우해야 한다. 농업의 공익적 가치에 대해 정당한 평가와 보상이 주어져야 하며, 안정적 노후가 보장되어야 한다. 정예화된 농민이 존경받는 직업이 되어야 한다. 지방자치 강화, 면장 직선제, 참여예산제 확대 등 농민의 정책 참여를 보장할 제도적 장치도 마련해야 한다. 농민은 정책의 대상이 아니라 정책을 주도하는 주체가 되어야 한다.

나는 벌써 상상한다.

농민이 당당하고, 농업의 위상이 바로 서며, 농정의 방향성에 대한 사회적 합의가 이루어지는 세상. 그리고 그 변화의 한가운데, 대한민국의 훌륭한 도구가 되겠노라 약속한 이재명 대통령이 있을 것이다. 이 모든 것은 꿈이 아니다. 곧, 현실이 될 것이다.

송성일
경북 봉화 비나리마을 농부

시끄럽게, 그러나 단단하게…
일 잘하는 사람 이재명

약자의 자리에 함께한 사람

2010년, 성남시장에 이재명이 당선되었다. 나에게는 별 관심 없는 일이었다. TK 지역에 사는 내게 성남시장이 누가 되든 무슨 상관이 있었겠는가. 하지만 곧 뉴스가 시끌벅적해졌다. '성남시 모라토리엄 선언.' 성남시는 돈이 없으니 채권자들은 기다리라는 것이었다. 그때 나는 '모라토리엄'이라는 말을 알게 되었고, '이재명'이라는 이름을 처음 들었다.

이재명은 참 독특했다. 무슨 일을 해도 조용할 날이 없었다. 복지 예산을 늘리려 정부에 요청했지만 거절당하자, 그는 성남시 예산으로 밀어붙였다. 박근혜 정부에겐 그야말로 눈엣가시 같은 존재였을 것이다.

시끄럽게, 그러나 단단하게. 그것이 이재명의 방식이었다.

이후에도 그는 대한민국 곳곳에서, 아픔이 있는 곳마다 나타났다. 함께 아파하고, 함께 웃고, 함께 울며, 늘 약자의 편에 섰다.

'윤석열 파면' 피켓을 들고 거리에 서던 어느 날, 스쿨버스를 타고 지나가던 아들이 저녁 식탁에서 물었다.

"아빠, 왜 이재명이야?"

"왜, 갑자기?"

"친구들은 이재명이 가족을 욕하고, 성남시장 할 때 돈도 받았다고 해. 나야 아빠 생각을 믿지만, 친구들은 이재명을 전부 나쁘게 말해."

나는 잠시 생각하다 답했다.

"사람은 듣고 싶은 것만 듣고, 보고 싶은 것만 보는 법이야. 친구들도 부모님이나 인터넷을 통해 그런 얘기만 들었을지도 몰라."

아들은 고개를 끄덕이더니 다시 물었다.

"그래도, 아빠는 왜 이재명이야?"

나는 이재명의 삶을 이야기해주었다. 안동 예안면에서 태어나, 곤궁한 처지에 성남으로 이주해 공장에 다녔다. 검정고시로 고등학교를 졸업하고, 법대를 나와 사법시험에 합격했다. 성남시장, 경기도지사, 대통령 후보로 이어진 그의 길에 대해 차분차분 일러주었다.

왜 나는 이재명을 지지하는가
내 이야기를 다 들은 아들이 다시 물었다.

"힘든 환경을 극복한 건 대단하지만, 정치인은 정치를 잘해야 하는 거 아니야? 사람들이 비판하는 데 이유가 있을 수도 있잖아."

나는 생각했다. 왜 나는 이재명을 지지하는가. 내 답은 단순했다. 그의 바람이 나의 바람과 같기 때문이다.
나는 바란다. 힘없는 이들이 억울하지 않고, 미래세대가 자유롭게 꿈꿀 수 있는 세상. 길이 있어도 가지 못하는 이들이 사라지는 세상. 이재명은 그런 세상을 위해 싸워온 사람이다.
이재명은 이 나라에서 드문 지도자다. 나는 자식을 키우는 부모로서,

이재명을 지지할 수밖에 없다.

나는 꿈꾼다. 이재명이 다시 평화의 길을 열기를. 부산에서 출발한 물자가 북한, 중국, 러시아를 거쳐 유럽으로 이어지는 길이 열리기를. 가족이 기차를 타고 평양, 백두산, 모스크바를 지나 포르투갈까지 여행할 수 있는 세상을.

또한 나는 원한다. 대한민국이 강대국에 굴복하지 않고, 국민을 위해 당당히 목소리를 낼 수 있는 나라가 되기를. 이재명이라면 가능하다. 지난 대선에서 나는 그의 눈물을 보았다. 그 눈물이 거짓이 아님을, 나는 안다. 김대중은 새 시대를 열었고, 노무현은 민주시민의 길을 닦았으며, 문재인은 대한민국의 품격을 높였다. 이제 이재명은, 그 씨앗 위에 열매를 맺을 것이다.

이재명은 합니다. 반드시.

이강태

더불어민주당 성주군 연락소장,
경북도당 을지키는민생실천위원회 위원장

진짜 보수 이재명
최대 다수의 최대 행복

초판 1쇄 2025년 5월 16일 발행

지은이 홍대선, 박기태, 박형주, 윤한근, 서상윤
펴낸이 김현종
출판본부장 안형태 **편집** 최세정 진용주 김수진
디자인 이미경
마케팅 안형태 김에리 김인영
미디어·경영지원본부 신혜선 백범선 박윤수 이주리 문상철 신잉걸

펴낸곳 (주)메디치미디어
출판등록 2008년 8월 20일 제300 - 2008 - 76호
주소 서울특별시 중구 중림로7길 4, 지하 1층
전화 02-735-3308 **팩스** 02-73 -3309
이메일 medici@medicimedia.co.kr **홈페이지** medicimedia.co.kr
페이스북 medicimedia **인스타그램** medicimedia

ISBN 979-11-5706-435-9 (03340)